파닉스 패턴과 문장 읽기를 34일만에 익히는 학습계획표

하루 15분 내외의 학습으로 34일 동안 초등영어 과정에서 익혀야 할 파닉스의 패턴과 문장을 마스터할 수 있는 Study Plan입니다.

Day 01 ☐☐	Day 02 ☐☐	Day 03 ☐☐	Day 04 ☐☐	Day 05 ☐☐	Day 06 ☐☐
단모음 **a (1)**	단모음 **a (2)**	단모음 **e (1)**	단모음 **e (2)**	단모음 **i (1)** Review Test (1)	단모음 **i (2)**
Day 07 ☐☐	**Day 08 ☐☐**	**Day 09 ☐☐**	**Day 10 ☐☐**	**Day 11 ☐☐**	**Day 12 ☐☐**
단모음 **o (1)**	단모음 **o (2)**	단모음 **u (1)**	단모음 **u (2)** Review Test (2)	장모음 **a**	장모음 **i**
Day 13 ☐☐	**Day 14 ☐☐**	**Day 15 ☐☐**	**Day 16 ☐☐**	**Day 17 ☐☐**	**Day 18 ☐☐**
장모음 **o**	장모음 **u** Review Test (3)	연속자음 **bl ~ sl**	연속자음 **br ~ tr**	연속자음 **sk, sm, sw**	연속자음 **sn, st, tw** Review Test (4)
Day 19 ☐☐	**Day 20 ☐☐**	**Day 21 ☐☐**	**Day 22 ☐☐**	**Day 23 ☐☐**	**Day 24 ☐☐**
이중자음 **ch, sh**	이중자음 **gh, ph, th**	이중자음 **th, wh**	묵음 **kn, mb, wr**	끝소리 **ck, ng, nk** Review Test (5)	장모음 **ai, ay**
Day 25 ☐☐	**Day 26 ☐☐**	**Day 27 ☐☐**	**Day 28 ☐☐**	**Day 29 ☐☐**	**Day 30 ☐☐**
장모음 **ea, ee, ey**	장모음 **ie, igh, y**	장모음 **oa, ow**	장모음 **ue, ui** Review Test (6)	이중모음 **oi, oy**	이중모음 **au, aw**
Day 31 ☐☐	**Day 32 ☐☐**	**Day 33 ☐☐**	**Day 34 ☐☐**	**파이널 테스트 ☐☐**	
이중모음 **oo**	이중모음 **ou, ow**	R 통제모음 **ar, or**	R 통제모음 **er, ir, ur** Review Test (7)	Final Test (1), (2), (3), (4)	

공부 체크 하루 15분씩 공부하여 34일 동안 계획 있게 초등 파닉스의 패턴과 문장을 마스터하기 위한 계획표예요. 따라서, 공부한 후에는 꼭 공부한 날짜를 본문에 있는 공부한 날의 [월 일]에 적고, 이 계획표의 ☐에도 V 체크하세요. 그리고 이해가 되지 않았거나 헷갈리는 부분은 반복해서 공부하고 두 번째 ☐에 V 체크하세요.

Review Test 7회 + Final Test 4회 이 교재에는 학교 수행/진단평가에 대비할 수 있도록 공부한 내용을 복습하고, 실력을 점검할 수 있는 Review Test 7회와 Final Test 4회가 수록되어 있어요. 이 코너도 빠짐없이 공부해서 파닉스 실력을 쑥쑥 키워보세요.

이 책에서 공부할 <파닉스 패턴과 소릿값> 한 눈에 살펴보기

단모음	a /애/	e /에/	i /이/	o /아/	u /어/

장모음	a /에이/	i /아이/	o /오우/	u /유-, 우-/	

	bl /블리/	cl /클리/	fl /f플리/	gl /글리/	pl /플리/
	sl /슬리/	br /브뤄/	cr /크뤄/	dr /드뤄/	gr /그뤄/
연속자음	pr /프뤄/	tr /트뤄/	sk /ㅅ크/	sm /ㅅ므/	sw /ㅅ워/
	sn /ㅅ느/	st /ㅅ트/	tw /트워/		

이중자음	ch /취/	sh /쉬/	gh, ph /fㅍ/	th /ㅆ, ㄷ/	wh /(우)워/

묵음	kn /ㄴ/	mb /ㅁ/	wr /(얼)ㄹ/		

끝소리	ck /ㅋ/	ng /응/	nk /응크/		

장모음	ai, ay /에이/	ea, ee, ey /이-/	ie, igh, y /아이/	oa, ow /오우/	ue, ui /우-/

이중모음	oi, oy /오이/	au, aw /어-/	oo /우, 우-/	ou, ow /아우/	

R 통제모음	ar /알/	or /올/	er, ir, ur /얼/		

영쌤의
초등
파닉스

2권 패턴 익히기와 문장 읽기

영쌤의 초등 파닉스

2권 패턴 익히기와 문장 읽기

1판 1쇄 2022년 10월 4일

지은이 이재영
펴낸이 유인생
편집인 안승준
마케팅 박성하·이수열
디자인 NAMIJIN DESIGN
편집·조판 Choice
삽화 이보영
펴낸곳 (주) 쏠티북스
주소 (04037) 서울시 마포구 양화로 7길 20 (서교동, 남경빌딩 2층)
대표전화 070-8615-7800
팩스 02-322-7732
이메일 saltybooks@naver.com
출판등록 제313-2009-140호

ISBN 979-11-88005-99-4

영쌤의 초등 파닉스

저자 무료강의
YouTube
초등영쌤

2권 패턴 익히기와 문장 읽기

| 이재영 지음 |

쏠티북스

이 책을 공부하기 전에 꼭 알아둬야 할 것들

 여러분, 안녕하세요? 영쌤이에요.
1권에서는 알파벳과 알파벳의 대표 소릿값을 배웠어요. 하지만 알파벳을 알고 있다고 해서 영어 단어를 바로 읽기가 쉽지 않죠? 그래서 2권에서는 본격적으로 파닉스의 규칙들을 배울 거예요. 영쌤과 함께 파닉스의 규칙을 차근차근 공부하면 여러분이 정확하게 읽을 수 있는 단어들이 더 많아질 거예요!

선생님, 이런 것들이 궁금해요!

1 2권에서는 어떤 것을 배우나요?

2권에서는 파닉스의 대표적인 소리 규칙들을 배워요. 단모음을 시작으로 장모음, 연속자음, 이중자음, 묵음, 끝소리 이중모음, R 통제모음 등을 배울 거예요. 선생님과 함께 이 규칙들을 배우고 나면 총 204개의 단어들을 쉽게 읽고 쓸 수 있어요.

2 파닉스의 규칙들을 배우면 영어의 모든 단어들을 읽을 수 있나요?

파닉스의 규칙을 배우고 나면 많은 단어를 읽을 수 있어요. 하지만 모든 단어를 읽을 수 있는 것은 아니에요. 파닉스의 규칙에는 예외가 있거든요. 이렇게 파닉스로는 읽기 어렵지만 자주 나오는 단어를 sight word(사이트 워드)라고 하는데 문장 속에서 꾸준히 공부하면 익숙해질 거예요.

3 단어뿐만 아니라 문장도 읽고 싶은데 가능할까요?

이 책에는 단어를 배운 후에 '문장 이해하기' 코너를 준비했어요. 앞에서 배운 단어가 들어간 문장을 배우는 부분이에요. 여기에는 2번에서 말한 것처럼 파닉스의 규칙으로는 읽기 어렵지만 문장에 꼭 필요한 단어들도 다루고 있어요. '문장 이해하기' 코너까지 차근차근 공부하면 204개의 단어뿐만 아니라 초등영어에서 자주 등장하는 34개의 문장 패턴까지 익힐 수 있어요.

4 영쌤과 함께 파닉스 공부를 할 수 있는 동영상 강의가 있나요?

네, 여러분이 파닉스 공부를 좀 더 쉽게 할 수 있도록 책과 함께 공부할 수 있는 유튜브 무료강의가 제공될 거예요. '초등영쌤' 유튜브로 들어와서 동영상을 보면서 공부해 봐요. 파닉스 규칙 익히기, 단어 읽기, 문장 읽기까지 영쌤과 함께 차근차근 공부하면 여러분은 어느새 영어 단어와 문장을 쉽게 읽고 쓸 수 있을 거예요. 그러므로 다음과 같은 학생은 이 책으로 파닉스의 패턴 공부를 시작하면 돼요.

(1) 파닉스의 다양한 패턴을 알고 싶은 학생
(2) 영어 단어를 쉽고 정확하게 읽으려는 학생
(3) 초등영어의 기본 문장을 읽고 의미를 이해하려는 학생

그리고 이 책을 다 공부하고 나면

(1) 204개의 단어를 읽을 수 있어요.
(2) 204개의 단어를 쓸 수 있어요.
(3) 초등영어에서 자주 등장하는 문장 패턴 34개를 익힐 수 있어요.
(4) 배운 단어가 들어간 문장 102개의 의미를 알 수 있어요.

또한 이 책에는 여러분의 파닉스 학습에 도움이 될 수 있도록 우리말 발음이 표기되어 있어요. 특히 f, r, v 발음은 p, l, b 발음과 구별하기 위해 우리말 발음에 표기되어 있다는 것도 알고 공부하면 좋을 거예요. 다만 우리말로 표기된 발음이므로 원어민의 실제 발음과는 다소 차이가 있는 점은 참고하세요.

자, 이제 다음 쪽에 안내되어 있는 〈이 책의 구성과 특징〉을 살펴보고, 차근차근 파닉스 패턴 공부를 시작해 봅시다!

저자 | 이재영

이 책의 구성과 특징

● 파닉스 패턴과 함께 단어의 발음과 뜻을 익힐 수 있어요!

QR코드를 이용하여 파닉스 패턴과 단어의 발음을 듣고 따라 할 수 있어요!

총 34일 동안 단모음부터 R 통제모음까지 다양한 파닉스 패턴을 공부할 수 있어요!

파닉스 패턴의 구성 원리를 이해하고 실제 발음을 듣고 따라 하면서 파닉스 실력을 다질 수 있어요!

파닉스 패턴이 적용된 단어의 발음, 철자, 뜻을 익히고 따라 말하면서 파닉스의 실력을 쑥쑥 키울 수 있어요!

● 파닉스 패턴이 쓰인 단어와 문장을 읽고 쓰면서 파닉스의 실력을 키울 수 있어요!

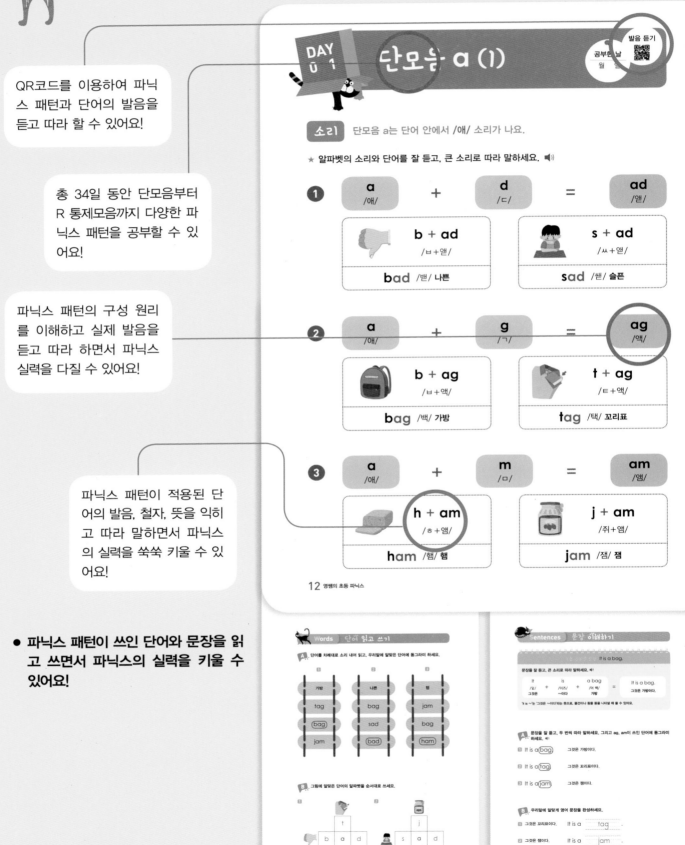

● 단어 듣기와 쓰기 학습으로 소리 구별을 익힐 수 있어요!

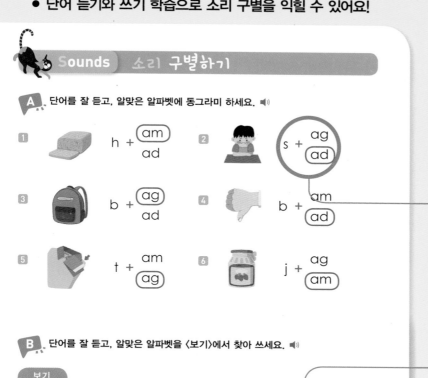

Sounds 소리 구별하기

A 단어를 잘 듣고, 알맞은 알파벳에 동그라미 하세요. 🔊

1. h + (am)/ad
2. s + (ag)/(ad)
3. b + (ag)/ad
4. b + am/(ad)
5. t + am/(ag)
6. j + ag/(am)

들려주는 단어를 듣고 알맞은 알파벳이나 단어를 찾는 연습을 통해 단어의 발음을 더 정확하게 익힐 수 있어요!

B 단어를 잘 듣고, 알맞은 알파벳을 〈보기〉에서 찾아 쓰세요. 🔊

보기

ag   am   ad

1. tag
2. bad
3. sad
4. ham
5. jam
6. bag

들려주는 단어를 듣고 알 파벳을 써보는 연습을 통 해 단어의 발음과 알파벳은 물론이고, 파닉스 패턴을 반복해서 익힐 수 있어요!

Day 01 **13**

Review Test (1) 단모음 (1)

A 단어를 잘 듣고, 알맞은 것을 고르세요. 🔊

1. ✓ bag / ② bib   ✓ hat / ② hen
2. ① pig / ✓ pan   ✓ lid / ② leg
3. ✓ nap / ② net   ① red / ✓ rib

B 단어를 잘 듣고, 빈칸에 들어갈 알파벳을 연결하세요. 🔊

1. g ___ — et
2. b ___ — ad
3. v ___ — id
4. k ___ — em

32 영어야 초등 파닉스

Final Test (1) 수행/진단평가 대비

A 단어를 잘 듣고, 빈칸에 알맞은 알파벳을 고르세요. 🔊

1. d ___   ① ag   ② eg   ✓ ig
2. j ___ ce   ✓ ui   ② oo   ③ ue
3. gr ___   ① ai   ② ea   ✓ ay
4. b ___ ll   ① a   ✓ e   ③ i

B 단어를 잘 듣고, 알맞은 것을 고르세요. 🔊

1. ✓ bed   ② jet   ③ hem
2. ✓ rob   ② jog   ③ ox
3. ① cake   ✓ game   ③ mane
4. ① green   ② tea   ✓ monkey
5. ① boat   ✓ coat   ③ slow

164 영어야 초등 파닉스

● Review Test와 Final Test의 다양한 문제를 통해 학교 시험에 대비할 수 있어요!

이 책의 차례

Part 1.
패턴 익히기와
문장 읽기

Part 2.
파이널 테스트
'학교 수행/진단 평가' 대비

별책 - 정답 및 알파벳 카드

〈Part 1 – 패턴 익히기와 문장 읽기〉를 공부하기 전에 알아두어야 파닉스 용어를 정리했으니 잘 살펴보세요!

1. 단모음
알파벳 중에서 a, e, i, o, u를 '모음'이라고 해요. a는 /애/, e는 /에/, i는 /이/, o는 /아/, u는 /어/처럼 짧게 소리 나는 것을 '단모음'이라고 해요. Day 01 ~ Day 10에서 배울 거예요.

2. 장모음
a는 /에이/, i는 /아이/, o는 /오우/, u는 /유-, 우-/처럼 길게 소리 나는 것을 '장모음'이라고 해요. 또한 단어 안에서 ai, ay가 /에이/처럼 길게 소리 나는 것도 '장모음'이라고 해요. Day 11 ~ Day 14 그리고 Day 24 ~ Day 28에서 배울 거예요.

3. 연속자음
'자음'은 모음 5개를 제외한 나머지 21개의 알파벳이예요. '연속자음'은 자음이 연속해서 나올 때 각각의 자음들이 연이어 소리 나는 것을 말해요. Day 15 ~ Day 18에서 배울 거예요.

4. 이중자음
'이중자음'은 두 개의 자음이 합쳐져서 새로운 소리가 나는 것을 말해요. Day 19 ~ Day 21에서 배울 거예요.

5. 묵음
'묵음'은 단어에서 어떤 알파벳이 소리가 나지 않는 것을 말해요. Day 22에서 배울 거예요.

6. 끝소리
'끝소리'는 단어의 끝에 있는 자음들이 내는 소리를 말해요. Day 23에서 배울 거예요.

7. 이중모음
'이중모음'은 두 개의 모음이 만나서 새로운 모음 소리가 나는 것을 말해요. Day 29 ~ Day 32에서 배울 거예요.

8. R 통제모음
'R 통제모음'은 '모음+r'이 들어있는 단어에서 뒤에 있는 자음 r로 인해 모음이 원래 소리와 다르게 소리가 나는 것을 말해요. Day 33과 Day 34에서 배울 거예요.

Part 1
패턴 익히기와
문장 읽기

단모음 a (1)

소리   단모음 a는 단어 안에서 /애/ 소리가 나요.

★ 알파벳의 소리와 단어를 잘 듣고, 큰 소리로 따라 말하세요. 🔊

1   **a** /애/   **+**   **d** /ㄷ/   **=**   **ad** /앧/

b + ad /ㅂ+앧/

bad /밷/ **나쁜**

s + ad /ㅆ+앧/

sad /쌛/ **슬픈**

2   **a** /애/   **+**   **g** /ㄱ/   **=**   **ag** /액/

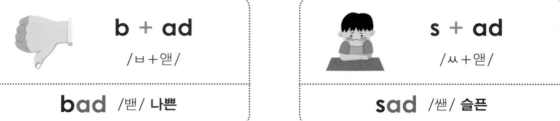

b + ag /ㅂ+액/

bag /백/ **가방**

t + ag /ㅌ+액/

tag /택/ **꼬리표**

3   **a** /애/   **+**   **m** /ㅁ/   **=**   **am** /앰/

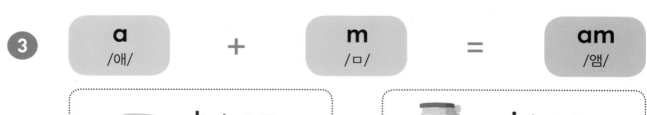

h + am /ㅎ+앰/

ham /햄/ **햄**

j + am /쥐+앰/

jam /잼/ **잼**

Sounds 소리 구별하기

A 단어를 잘 듣고, 알맞은 알파벳에 동그라미 하세요. 🔊

1   h + (am) / ad

2   s + ag / ad

3   b + ag / ad

4   b + am / ad

5   t + am / ag

6   j + ag / am

B 단어를 잘 듣고, 알맞은 알파벳을 〈보기〉에서 찾아 쓰세요. 🔊

보기

ag   am   ad

1   t _____

2   b _____

3   s _____

4   h _____

5   j _____

6   b _____

단어를 차례대로 소리 내어 읽고, 우리말에 알맞은 단어에 동그라미 하세요.

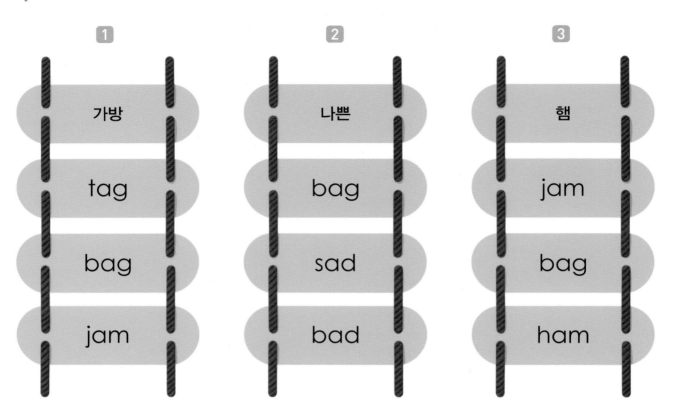

1	2	3
가방	나쁜	햄
tag	bag	jam
bag	sad	bag
jam	bad	ham

 그림에 알맞은 단어의 알파벳을 순서대로 쓰세요.

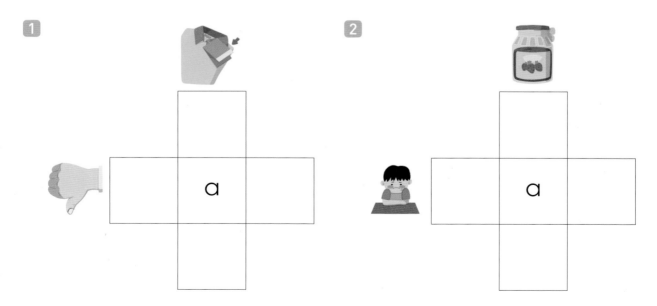

오늘 공부할 문장 It is a bag.

문장을 잘 듣고, 큰 소리로 따라 말하세요. 🔊

It		is		a bag		It is a bag.
/잍/	**+**	/이즈/	**+**	/어 백/	**=**	그것은 가방이다.
그것은		~이다		가방		

'It is ~'는 '그것은 ~이다'라는 뜻으로, 물건이나 동물 등을 나타낼 때 쓸 수 있어요.

 A 문장을 잘 듣고, 두 번씩 따라 말하세요. 그리고 ag, am이 쓰인 단어에 동그라미 하세요. 🔊

1 It is a (bag). 그것은 가방이다.

2 It is a tag. 그것은 꼬리표이다.

3 It is a jam. 그것은 잼이다.

B 우리말에 알맞게 영어 문장을 완성하세요.

1 그것은 꼬리표이다. It is a _____.

2 그것은 잼이다. It is a _____.

3 그것은 햄이다. It is a _____.

단모음 a (2)

소리 단모음 a는 단어 안에서 /애/ 소리가 나요.

★ 알파벳의 소리와 단어를 잘 듣고, 큰 소리로 따라 말하세요. ◀))

1

| a /애/ | + | n /ㄴ/ | = | an /앤/ |

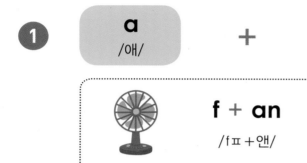

f + an
/fㅍ+앤/

fan /f팬/ 선풍기

p + an
/ㅍ+앤/

pan /팬/ 냄비, 팬

2

| a /애/ | + | p /ㅍ/ | = | ap /앺/ |

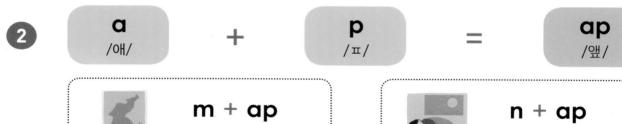

m + ap
/ㅁ+앺/

map /맵/ 지도

n + ap
/ㄴ+앺/

nap /냅/ 낮잠

3

| a /애/ | + | t /ㅌ/ | = | at /앹/ |

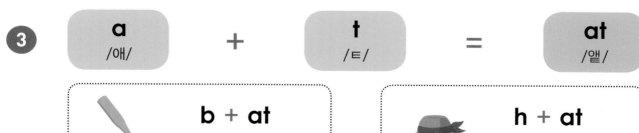

b + at
/ㅂ+앹/

bat /뱉/ (야구) 방망이

h + at
/ㅎ+앹/

hat /햍/ 모자

 A 단어를 잘 듣고, 알맞은 알파벳에 동그라미 하세요. ◀))

1 b + at / ap

2  h + an / at

3 p + an / at

4 f + an / ap

5  m + ap / an

6 n + at / ap

B 단어를 잘 듣고, 알맞은 알파벳을 〈보기〉에서 찾아 쓰세요. ◀))

보기

at   ap   an

1 h _____

2 m _____

3 n _____

4 b _____

5 f _____

6 p _____

A 단어를 큰 소리로 두 번씩 읽고, 알맞은 그림에 연결하세요.

1 nap ·

·

2 pan ·

·

3 bat ·

·

B 우리말에 알맞게 알파벳을 재배열하여 두 번씩 다시 쓰세요.

1 선풍기 f n a →

2 모자 t a h →

3 지도 a p m →

오늘 공부할 문장 I have a hat.

문장을 잘 듣고, 큰 소리로 따라 말하세요. 🔊

I		have		a hat		I have a hat.
/아이/	+	/햅/	+	/어 햍/	=	나는 모자를 가지고 있다.
나는		가지다		모자를		

have는 '가지다'라는 뜻이에요. have 앞에 'I(나는)'를 붙여서 'I have ~'라고 쓰면 '나는 ~을 가지고 있다'라는 뜻이에요.

A 문장을 잘 듣고, 두 번씩 따라 말하세요. 그리고 an, ap, at이 쓰인 단어에 동그라미 하세요. 🔊

1 I have a map.   나는 지도를 가지고 있다.

2 I have a fan.   나는 선풍기를 가지고 있다.

3 I have a hat.   나는 모자를 가지고 있다.

B 우리말에 알맞게 영어 문장을 완성하세요.

1 나는 냄비를 가지고 있다.   I have a _____ .

2 나는 (야구) 방망이를 가지고 있다.   I have a _____ .

3 나는 선풍기를 가지고 있다.   I have a _____ .

단모음 e (1)

소리   단모음 e는 단어 안에서 /에/ 소리가 나요.

★ 알파벳의 소리와 단어를 잘 듣고, 큰 소리로 따라 말하세요. 🔊

1

| e /에/ | + | d /ㄷ/ | = | ed /엗/ |

b + ed
/ㅂ+엗/
bed /벧/ **침대**

r + ed
/(얼)ㄹ+엗/
red /r렏/ **빨간**

2

| e /에/ | + | g /ㄱ/ | = | eg /엑/ |

b + eg
/ㅂ+엑/
beg /벡/ **부탁하다**

l + eg
/(을)ㄹ+엑/
leg /렉/ **다리**

3

| e /에/ | + | m /ㅁ/ | = | em /엠/ |

g + em
/ㅈ+엠/
gem /젬/ **보석**

h + em
/ㅎ+엠/
hem /헴/ **(옷의) 단**

 단어를 잘 듣고, 알맞은 알파벳에 동그라미 하세요. 🔊

1 l + eg / ed

2 r + em / ed

3 h + em / eg

4 b + eg / ed

5 b + ed / em

6 g + eg / em

B 단어를 잘 듣고, 알맞은 알파벳을 〈보기〉에서 찾아 쓰세요. 🔊

보기

em   ed   eg

1 h _____

2 b _____

3 g _____

4 r _____

5 l _____

6 b _____

그림에 알맞은 알파벳을 연결하고, 큰 소리로 두 번씩 읽으세요.

1 　　g ·　　　　　　· ed

2 　　l ·　　　　　　· em

3 　　b ·　　　　　　· eg

B 우리말에 알맞은 알파벳을 풍선에서 찾아 쓰세요.

1 (옷의) 단

2 부탁하다

3 빨간

오늘 공부할 문장 This is a bed.

문장을 잘 듣고, 큰 소리로 따라 말하세요. 🔊

| This /디쓰/ 이것은 | + | is /이즈/ ~이다 | + | a bed /어 벧/ 침대 | = | This is a bed. 이것은 침대이다. |

'This is ~'는 '이것은 ~이다'라는 뜻으로, 가까이 있는 사람 한 명이나 사물 한 개를 설명할 때 쓸 수 있어요.

A 문장을 잘 듣고, 두 번씩 따라 말하세요. 그리고 ed, eg, em이 쓰인 단어에 동그라미 하세요. 🔊

1 This is a bed.　　이것은 침대이다.

2 This is a leg.　　이것은 다리이다.

3 This is a gem.　　이것은 보석이다.

B 우리말에 알맞게 영어 문장을 완성하세요.

1 이것은 다리이다.　This is a _____.

2 이것은 보석이다.　This is a _____.

3 이것은 침대이다.　This is a _____.

단모음 e (2)

소리 단모음 e는 단어 안에서 /에/ 소리가 나요. bell의 '-ll'처럼 자음이 반복되면 한 번만 소리가 나요.

★ 알파벳의 소리와 단어를 잘 듣고, 큰 소리로 따라 말하세요. ◀»

1

| e /에/ | + | n /ㄴ/ | = | en /엔/ |

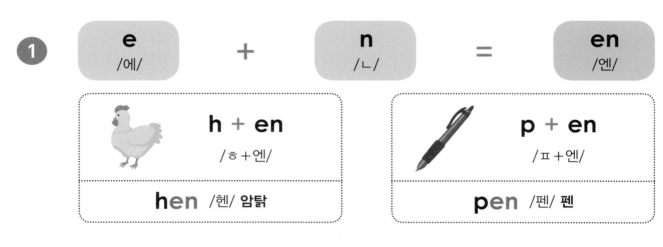

h + en
/ㅎ+엔/

hen /헨/ 암탉

p + en
/ㅍ+엔/

pen /펜/ 펜

2

| e /에/ | + | t /ㅌ/ | = | et /엩/ |

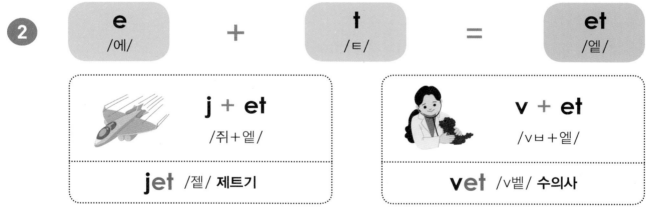

j + et
/쥐+엩/

jet /젵/ 제트기

v + et
/v브+엩/

vet /v벹/ 수의사

3

| e /에/ | + | ll /ㄹ/ | = | ell /엘/ |

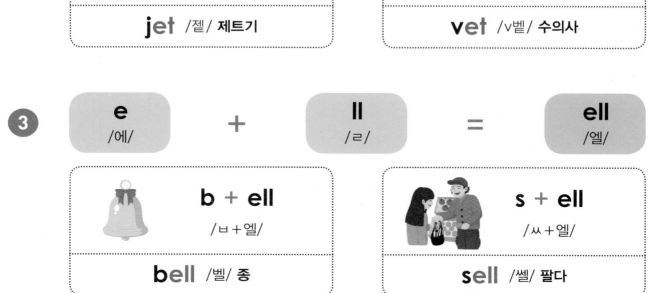

b + ell
/ㅂ+엘/

bell /벨/ 종

s + ell
/ㅆ+엘/

sell /쎌/ 팔다

 단어를 잘 듣고, 알맞은 알파벳에 동그라미 하세요.

1 j + ell / et

2 s + ell / en

3 p + et / en

4 v + ell / et

5 b + ell / en

6 h + et / en

 단어를 잘 듣고, 알맞은 알파벳을 〈보기〉에서 찾아 쓰세요.

보기

ell   et   en

1 v

2 j

3 h

4 b

5 s

6 p

그림에 알맞은 단어를 연결하고, 큰 소리로 두 번씩 읽으세요.

1 · · bell

2 · · hen

3 · · jet

B 우리말에 알맞게 알파벳을 바르게 고쳐 두 번씩 다시 쓰세요.

1 펜   ben → _____ _____

2 팔다   serl → _____ _____

3 수의사   vat → _____ _____

오늘 공부할 문장 **That is a hen.**

문장을 잘 듣고, 큰 소리로 따라 말하세요. 🔊

That		is		a hen		That is a hen.
/댙/	**+**	/이즈/	**+**	/어 헨/	**=**	저것은 암탉이다.
저것은		~이다		암탉		

'That is ~'은 '저것은 ~이다'라는 뜻으로, 멀리 있는 사람 한 명이나 사물 한 개를 설명할 때 쓸 수 있어요.

A 문장을 잘 듣고, 두 번씩 따라 말하세요. 그리고 en, et이 쓰인 단어에 동그라미 하세요. 🔊

1 **That is a hen.**   저것은 암탉이다.

2 **That is a pen.**   저것은 펜이다.

3 **That is a jet.**   저것은 제트기이다.

B 우리말에 알맞게 영어 문장을 완성하세요.

1 저것은 펜이다.   That is a _____.

2 저것은 암탉이다.   That is a _____.

3 저것은 제트기이다.   That is a _____.

소리 단모음 i는 단어 안에서 /이/ 소리가 나요.

★ 알파벳의 소리와 단어를 잘 듣고, 큰 소리로 따라 말하세요. 🔊

1 | **i** /이/ + **b** /브/ = **ib** /입/

 b + ib /ㅂ+입/
bib /빕/ 턱받이

 r + ib /(얼)ㄹ+입/
rib /r립/ 갈비뼈

2 | **i** /이/ + **d** /드/ = **id** /읻/

 k + id /ㅋ+읻/
kid /킫/ 아이

 l + id /(을)ㄹ+읻/
lid /릳/ 뚜껑

3 | **i** /이/ + **g** /그/ = **ig** /익/

 d + ig /ㄷ+익/
dig /딕/ (구멍을) 파다

 p + ig /ㅍ+익/
pig /픽/ 돼지

 단어를 잘 듣고, 알맞은 알파벳에 동그라미 하세요. 🔊

1 k +　id
　　　　　　ig

2 r +　ig
　　　　　　ib

3 d +　id
　　　　　　ig

4 b +　ib
　　　　　　ig

5 p +　id
　　　　　　ig

6 l +　id
　　　　　　ib

 단어를 잘 듣고, 알맞은 알파벳을 〈보기〉에서 찾아 쓰세요. 🔊

보기

ig　　id　　ib

1 d ____

2 b ____

3 l ____

4 r ____

5 k ____

6 p ____

그림에 알맞은 알파벳을 연결하고, 큰 소리로 두 번씩 읽으세요.

1 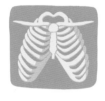   ·   · r ·   · id

2    ·   · k ·   · ig

3    ·   · d ·   · ib

 우리말에 알맞게 빠진 알파벳에 동그라미 하고, 단어를 다시 쓰세요.

1 돼지   ___ig   b (p) f → _____

2 턱받이   b__b   i e a → _____

3 뚜껑   li___   b d q → _____

오늘 공부할 문장 **The baby has a bib.**

문장을 잘 듣고, 큰 소리로 따라 말하세요. 🔊

The baby		has		a bib		=	The baby has a bib.
/더 베이비/	+	/해즈/	+	/어 빕/			그 아기는 턱받이를 가지고 있다.
그 아기는		가지다		턱받이를			

has는 '가지다'라는 뜻이에요. has는 have와 뜻이 같지만, 문장 맨 앞에 'I(나)'와 'you(너)'가 아닌 다른 사람 또는 물건이 올 때 써요. 예를 들어, 'the baby(아기)', 'the pan(냄비, 팬)', 'she(그녀)'와 같은 단어가 문장 맨 앞에 오면 have가 아니라 has를 써야 해요.

 A 문장을 잘 듣고, 두 번씩 따라 말하세요. 그리고 ib, id, ig이 쓰인 단어에 동그라미 하세요. 🔊

1 The baby has a bib.   그 아기는 턱받이를 가지고 있다.

2 The pan has a lid.   그 냄비는 뚜껑을 가지고 있다.

3 She has a pig.   그녀는 돼지를 가지고 있다.

B 우리말에 알맞게 영어 문장을 완성하세요.

1 그녀는 돼지를 가지고 있다.   She has a _____ .

2 그 냄비는 뚜껑을 가지고 있다.   The pan has a _____ .

3 그 아기는 턱받이를 가지고 있다.   The baby has a _____ .

발음 듣기

 A 단어를 잘 듣고, 알맞은 것을 고르세요. 🔊

1
① bag
② bib

2
① hat
② hen

3
① pig
② pan

4
① lid
② leg

5
① nap
② net

6
① red
② rib

B 단어를 잘 듣고, 빈칸에 들어갈 알파벳을 연결하세요. 🔊

1 g_____ · · et

2 b_____ · · ad

3 v_____ · · id

4 k_____ · · em

C. 그림에 알맞은 알파벳을 〈보기〉에서 찾아 쓰세요.

보기

| an   ig   ell   ad   eg   am |

1 h_____

2 s_____

3 b_____

4 d_____

5 s_____

6 f_____

D. 우리말에 알맞게 〈보기〉에서 단어를 찾아 영어 문장을 완성하세요.

보기

| map   bib   jam   leg |

1 이것은 다리이다.   This is a _____.

2 그것은 잼이다.   It is a _____.

3 나는 지도를 가지고 있다.   I have a _____.

4 그 아기는 턱받이를 가지고 있다.   The baby has a _____.

DAY 06 단모음 i (2)

소리 단모음 i는 단어 안에서 /이/ 소리가 나요.

★ 알파벳의 소리와 단어를 잘 듣고, 큰 소리로 따라 말하세요. 🔊

1 i /이/ + n /ㄴ/ = in /인/

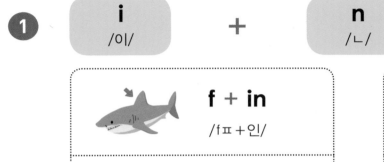

f + in /fㅍ+인/

fin /f핀/ 지느러미

w + in /우(워)+인/

win /윈/ 이기다

2 i /이/ + p /ㅍ/ = ip /잎/

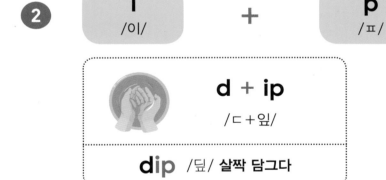

d + ip /ㄷ+잎/

dip /딮/ 살짝 담그다

l + ip /(을)ㄹ+잎/

lip /맆/ 입술

3 i /이/ + t /ㅌ/ = it /잍/

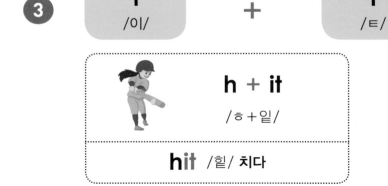

h + it /ㅎ+잍/

hit /힡/ 치다

s + it /ㅆ+잍/

sit /앁/ 앉다

A 단어를 잘 듣고, 알맞은 알파벳에 동그라미 하세요. ◀))

1 l + ip / it

2  f + in / it

3 d + in / ip

4 s + ip / it

5 h + it / in

6 w + ip / in

B 단어를 잘 듣고, 알맞은 알파벳을 〈보기〉에서 찾아 쓰세요. ◀))

보기

ip   it   in

1 s ____

2 w ____

3 l ____

4  f ____

5 d ____

6 h ____

 단어를 차례대로 소리 내어 읽고, 우리말에 알맞은 단어에 동그라미 하세요.

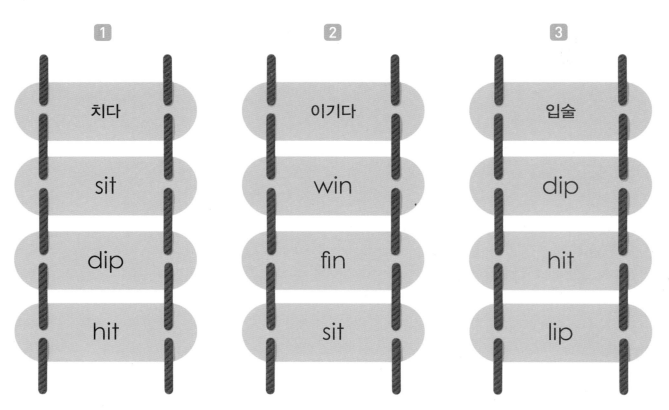

1	2	3
치다	이기다	입술
sit	win	dip
dip	fin	hit
hit	sit	lip

 그림에 알맞은 단어의 알파벳을 순서대로 쓰세요.

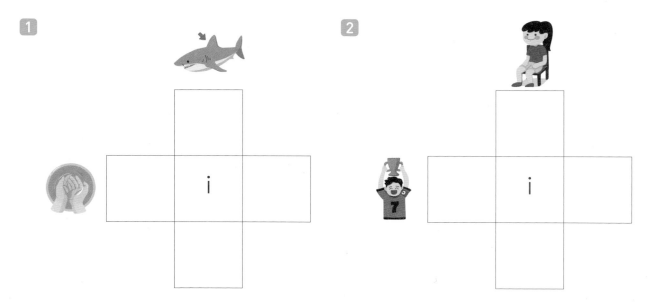

1

2

i

i

오늘 공부할 문장 I can sit on the chair.

문장을 잘 듣고, 큰 소리로 따라 말하세요. ◀))

I		can		sit		on the chair		I can sit on the chair.
/아이/	+	/캔/	+	/씯/	+	/언 더 췌얼r/	=	나는 그 의자에 앉을 수 있다.
나는		~할 수 있다		앉다		그 의자에		

can은 능력이나 가능을 나타내는 말로 '~할 수 있다'라는 뜻이에요.

A 문장을 잘 듣고, 두 번씩 따라 말하세요. 그리고 in, it이 쓰인 단어에 동그라미 하세요. ◀))

1 I can win. 나는 이길 수 있다.

2 I can hit the ball. 나는 그 공을 칠 수 있다.

3 I can sit on the chair. 나는 그 의자에 앉을 수 있다.

B 우리말에 알맞게 영어 문장을 완성하세요.

1 나는 그 공을 칠 수 있다. I can _____ the ball.

2 나는 그 의자에 앉을 수 있다. I can _____ on the chair.

3 나는 이길 수 있다. I can _____.

DAY 07 단모음 o (1)

소리 단모음 o는 단어 안에서 /아/ 소리가 나요.

★ 알파벳의 소리와 단어를 잘 듣고, 큰 소리로 따라 말하세요. 🔊

1

| o /아/ | + | b /ㅂ/ | = | ob /압/ |

r + ob
/(얼)ㄹ+압/

rob /r롭/ 도둑질하다

s + ob
/ㅆ+압/

sob /쌉/ (흐느껴) 울다

2

| o /아/ | + | g /ㄱ/ | = | og /악/ |

d + og
/ㄷ+악/

dog /닥/ 개

j + og
/쥐+악/

jog /좍/ 조깅하다

3

| o /아/ | + | p /ㅍ/ | = | op /앞/ |

h + op
/ㅎ+앞/

hop /핲/ 깡충깡충 뛰다

m + op
/ㅁ+앞/

mop /맢/ 대걸레

Sounds 소리 구별하기

A 단어를 잘 듣고, 알맞은 알파벳에 동그라미 하세요.

1 m + ob / op

2 d + og / ed

3 h + op / og

4 r + op / ob

5 s + og / ob

6 j + og / op

B 단어를 잘 듣고, 알맞은 알파벳을 〈보기〉에서 찾아 쓰세요.

보기

ob   op   og

1 r _____

2 s _____

3 j _____

4 m _____

5 h _____

6 d _____

Words 단어 읽고 쓰기

 단어를 큰 소리로 두 번씩 읽고, 알맞은 그림에 연결하세요.

1 hop ·

·

2 sob ·

·

3 dog ·

·

B 우리말에 알맞게 알파벳을 재배열하여 두 번씩 다시 쓰세요.

1 대걸레   o p m   →   _____   _____

2 도둑질하다   b o r   →   _____   _____

3 조깅하다   j g o   →   _____   _____

오늘 공부할 문장 **I am sobbing.**

문장을 잘 듣고, 큰 소리로 따라 말하세요. ◀》

I	+	am sobbing	=	I am sobbing.
/아이/		/앰 싸빙/		나는 흐느껴 울고 있다.
나는		흐느껴 울고 있다		

'I am -ing'는 '나는 ~하고 있는 중이다'라는 뜻으로, 내가 지금 하고 있는 행동을 나타낼 때 쓸 수 있어요.

A 문장을 잘 듣고, 두 번씩 따라 말하세요. 그리고 ob, og, op이 쓰인 단어에 동그라미 하세요. ◀》

1 I am sobbing.   나는 흐느껴 울고 있다.

2 I am jogging.   나는 조깅하고 있다.

3 I am hopping.   나는 깡충깡충 뛰고 있다.

B 우리말에 알맞게 영어 문장을 완성하세요.

1 나는 조깅하고 있다.   I am _____ .

2 나는 흐느껴 울고 있다.   I am _____ .

3 나는 깡충깡충 뛰고 있다.   I am _____ .

단모음 o (2)

소리 단모음 o는 단어 안에서 /아/ 소리가 나요.

★ 알파벳의 소리와 단어를 잘 듣고, 큰 소리로 따라 말하세요. 🔊

1

| **o** /아/ | **+** | **t** /ㅌ/ | **=** | **ot** /앝/ |

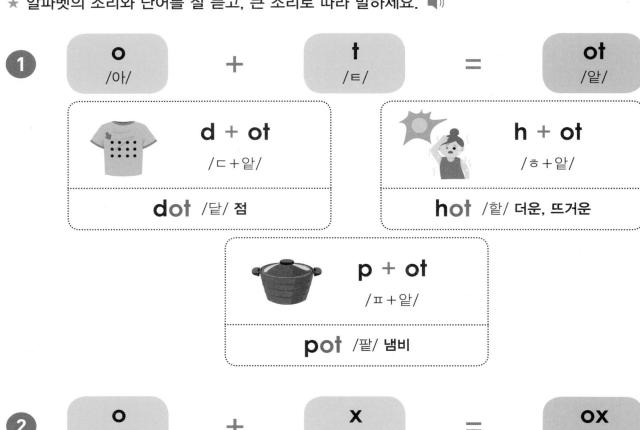

d + ot
/ㄷ+앝/
dot /닽/ 점

h + ot
/ㅎ+앝/
hot /핱/ 더운, 뜨거운

p + ot
/ㅍ+앝/
pot /팥/ 냄비

2

| **o** /아/ | **+** | **x** /ㅋㅅ/ | **=** | **ox** /악ㅅ/ |

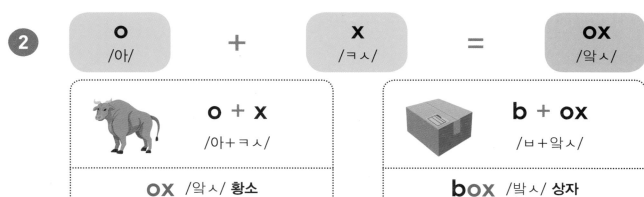

o + x
/아+ㅋㅅ/
ox /악ㅅ/ 황소

b + ox
/ㅂ+악ㅅ/
box /박ㅅ/ 상자

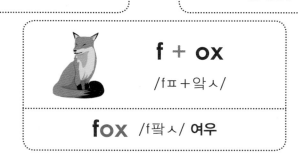

f + ox
/fㅍ+악ㅅ/
fox /f팍ㅅ/ 여우

A 단어를 잘 듣고, 알맞은 알파벳에 동그라미 하세요. 🔊

1 p + ot / ox

2  o + t / x

3 f + ot / ox

4 d + ot / ox

5 b + ot / ox

6 h + ot / ox

B 단어를 잘 듣고, 알맞은 알파벳을 〈보기〉에서 찾아 쓰세요. 🔊

보기

ot   ox   x

1 f_____

2 h_____

3 d_____

4 b_____

5 p_____

6  o_____

A 그림에 알맞은 알파벳을 연결하고, 큰 소리로 두 번씩 읽으세요.

1 · · h · · ox

2 · · f ·

3 · · b · · ot

B 우리말에 알맞은 알파벳을 풍선에서 찾아 쓰세요.

1 냄비

2 점

3 황소

오늘 공부할 문장 There is a pot.

문장을 잘 듣고, 큰 소리로 따라 말하세요. 🔊

| There is /데얼 이즈/ ~가 있다 | + | a pot /어 팟/ 냄비 | = | There is a pot. 냄비가 있다. |

'There is ~'는 '~가 있다'라는 뜻으로, 사람이나 물건의 위치, 수를 나타낼 때 쓸 수 있어요.

A 문장을 잘 듣고, 두 번씩 따라 말하세요. 그리고 ot, ox가 쓰인 단어에 동그라미 하세요. 🔊

1 There is a dot.   점이 있다.

2 There is a box.   상자가 있다.

3 There is a fox.   여우가 있다.

B 우리말에 알맞게 영어 문장을 완성하세요.

1 상자가 있다.   There is a _____.

2 여우가 있다.   There is a _____.

3 점이 있다.   There is a _____.

DAY 09 단모음 U (1)

공부한 날
월 일

소리 단모음 u는 단어 안에서 /어/ 소리가 나요.

★ 알파벳의 소리와 단어를 잘 듣고, 큰 소리로 따라 말하세요. 🔊

1

| **u** /어/ | **+** | **b** /ㅂ/ | **=** | **ub** /업/ |

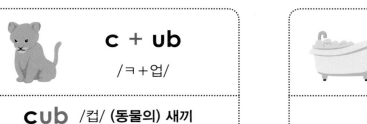

c + ub
/ㅋ+업/

cub /컵/ (동물의) 새끼

t + ub
/ㅌ+업/

tub /텁/ 욕조

2

| **u** /어/ | **+** | **d** /ㄷ/ | **=** | **ud** /얻/ |

b + ud
/ㅂ+얻/

bud /벋/ (식물의) 싹

m + ud
/ㅁ+얻/

mud /먿/ 진흙

3

| **u** /어/ | **+** | **g** /ㄱ/ | **=** | **ug** /억/ |

b + ug
/ㅂ+억/

bug /벅/ 벌레

h + ug
/ㅎ+억/

hug /헉/ 포옹

Sounds 소리 구별하기

 단어를 잘 듣고, 알맞은 알파벳에 동그라미 하세요. 🔊

1 t + ub / ug

2 m + ud / ug

3 b + ug / ub

4 b + ug / ud

5 h + ud / ug

6 c + ub / ud

 단어를 잘 듣고, 알맞은 알파벳을 〈보기〉에서 찾아 쓰세요. 🔊

보기
ud   ug   ub

1 m

2 t

3 h

4 b

5 c

6 b

그림에 알맞은 단어를 연결하고, 큰 소리로 두 번씩 읽으세요.

1 ·   · bud

2 ·   · cub

3 ·   · bug

 우리말에 알맞게 알파벳을 바르게 고쳐 두 번씩 다시 쓰세요.

1 포옹   hog → _____ _____

2 진흙   mub → _____ _____

3 욕조   fub → _____ _____

오늘 공부할 문장 The lion cub is in the tub.

문장을 잘 듣고, 큰 소리로 따라 말하세요. ◀)

The lion cub   is   in   the tub
/더 라이언 컵/ + /이즈/ + /인/ + /더 텁/   =
그 아기 사자는   ~있다 ~안에   욕조

The lion cub is in the tub.
그 아기 사자는 욕조 안에 있다.

in은 '~안에'라는 뜻으로, 사람이나 사물의 위치를 나타낼 때 쓸 수 있어요.

A 문장을 잘 듣고, 두 번씩 따라 말하세요. 그리고 ub, ud, ug이 쓰인 단어에 동그라미 하세요. ◀)

1 The lion cub is in the tub.　　그 아기 사자는 욕조 안에 있다.

2 The lion cub is in the mud.　　그 아기 사자는 진흙 안에 있다.

3 The bug is in the mud.　　그 벌레는 진흙 안에 있다.

B 우리말에 알맞게 영어 문장을 완성하세요.

1 그 아기 사자는 진흙 안에 있다.　The lion cub is in the _____ .

2 그 아기 사자는 욕조 안에 있다.　The lion _____ is in the tub.

3 그 벌레는 진흙 안에 있다.　The _____ is in the mud.

단모음 U (2)

소리 단모음 u는 단어 안에서 /어/ 소리가 나요.

★ 알파벳의 소리와 단어를 잘 듣고, 큰 소리로 따라 말하세요. 🔊

1

| u /어/ | + | m /ㅁ/ | = | um /엄/ |

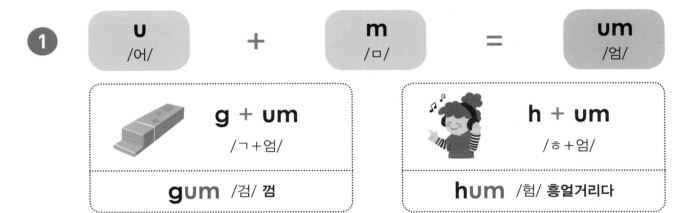

g + um
/ㄱ+엄/

gum /검/ 껌

h + um
/ㅎ+엄/

hum /험/ 흥얼거리다

2

| u /어/ | + | n /ㄴ/ | = | un /언/ |

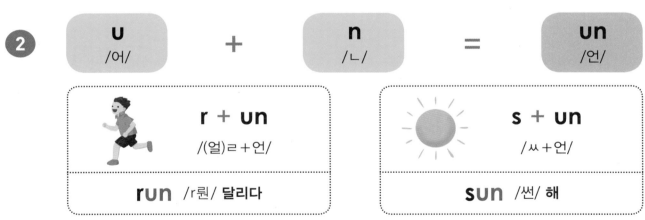

r + un
/(얼)ㄹ+언/

run /r뤈/ 달리다

s + un
/ㅆ+언/

sun /썬/ 해

3

| u /어/ | + | t /ㅌ/ | = | ut /얻/ |

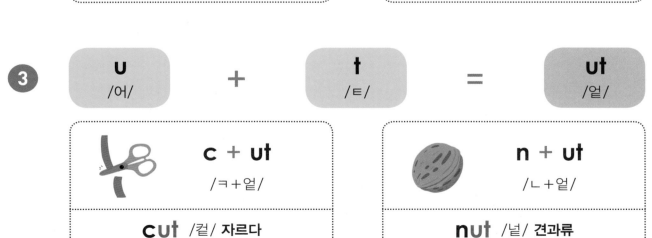

c + ut
/ㅋ+얻/

cut /컽/ 자르다

n + ut
/ㄴ+얻/

nut /넡/ 견과류

A 단어를 잘 듣고, 알맞은 알파벳에 동그라미 하세요. 🔊

1 s + ut / un

2 r + un / um

3 c + um / ut

4 g + ut / um

5 n + ut / un

6 h + un / um

B 단어를 잘 듣고, 알맞은 알파벳을 〈보기〉에서 찾아 쓰세요. 🔊

보기

un   um   ut

1 n _____

2 c _____

3 h _____

4 s _____

5 r _____

6 g _____

그림에 알맞은 알파벳을 연결하고, 큰 소리로 두 번씩 읽으세요.

1   •   • r •   • um

2   •   • h •   • un

3   •   • c •   • ut

우리말에 알맞게 빠진 알파벳에 동그라미 하고, 단어를 다시 쓰세요.

1 해   s __ n   a   o   u   →

2 견과류   __ ut   n   m   h   →

3 껌   gu __   b   n   m   →

오늘 공부할 문장 I like to hum.

문장을 잘 듣고, 큰 소리로 따라 말하세요. 🔊

I		like to		hum		I like to hum.
/아이/	+	/라잌 투/	+	/험/	=	나는 흥얼거리는 것을 좋아한다.
나는		~하는 것을 좋아하다		흥얼거리다		

like to 다음에 '~하다'라는 뜻을 가진 단어를 쓰면 '~하는 것을 좋아한다'라는 뜻이에요.

A. 문장을 잘 듣고, 두 번씩 따라 말하세요. 그리고 um, un, ut이 쓰인 단어에 동그라미 하세요. 🔊

1 I like to hum.　　　　　나는 흥얼거리는 것을 좋아한다.

2 I like to run.　　　　　나는 달리는 것을 좋아한다.

3 I like to cut paper.　　　나는 종이를 자르는 것을 좋아한다.

B. 우리말에 알맞게 영어 문장을 완성하세요.

1 나는 달리는 것을 좋아한다.　　I like to _____ .

2 나는 흥얼거리는 것을 좋아한다.　　I like to _____ .

3 나는 종이를 자르는 것을 좋아한다.　　I like to _____ paper.

Review Test (2) 단모음 (2)

A 단어를 잘 듣고, 알맞은 것을 고르세요. ◄))

1
① sit
② sob

2
① dog
② dig

3
① cut
② cub

4
① hit
② hop

5
① rob
② run

6
① box
② bud

B 단어를 잘 듣고, 빈칸에 들어갈 알파벳을 연결하세요. ◄))

1   p_____ ·   · in

2  f_____ ·   · ud

3   h_____ ·   · ot

4   m_____ ·   · um

그림에 알맞은 알파벳을 〈보기〉에서 찾아 쓰세요.

보기

| ub in ot ox op ip |

1 f _____

2 m _____

3 t _____

4 h _____

5 w _____

6 d _____

D 우리말에 알맞게 〈보기〉에서 단어를 찾아 영어 문장을 완성하세요.

보기

| dot bug cut jogging |

1 점이 있다.　　　　　　　　There is a _____ .

2 나는 조깅하고 있다.　　　　I am _____ .

3 나는 종이를 자르는 것을
　좋아한다.　　　　　　　　I like to _____ paper.

4 그 벌레는 진흙 안에 있다.　The _____ is in the mud.

장모음 a

 **소리** 단어가 'a+자음+e'로 끝나면 a는 알파벳 이름처럼 /에이/ 소리가 나요.
마지막 e는 소리가 나지 않아요.

★ 알파벳의 소리와 단어를 잘 듣고, 큰 소리로 따라 말하세요. 🔊

1

| a /에이/ | + | ke /ㅋ/ | = | ake /에익/ |

b + ake
/ㅂ+에익/

bake /베익/ **(빵을) 굽다**

c + ake
/ㅋ+에익/

cake /케익/ **케이크**

2

| a /에이/ | + | me /ㅁ/ | = | ame /에임/ |

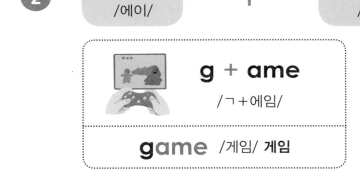

g + ame
/ㄱ+에임/

game /게임/ **게임**

n + ame
/ㄴ+에임/

name /네임/ **이름**

3

| a /에이/ | + | ne /ㄴ/ | = | ane /에인/ |

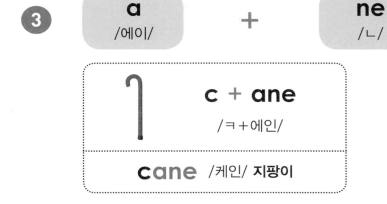

c + ane
/ㅋ+에인/

cane /케인/ **지팡이**

m + ane
/ㅁ+에인/

mane /메인/ **갈기**

 단어를 잘 듣고, 알맞은 알파벳에 동그라미 하세요.

1 b + ame / ake

2 c + ane / ake

3 n + ane / ame

4 m + ane / ake

5 c + ake / ane

6 g + ame / ane

B 단어를 잘 듣고, 알맞은 알파벳을 〈보기〉에서 찾아 쓰세요.

보기

ake   ame   ane

1 m

2 g

3 c

4 c

5 n

6 b

단어를 차례대로 소리 내어 읽고, 우리말에 알맞은 단어에 동그라미 하세요.

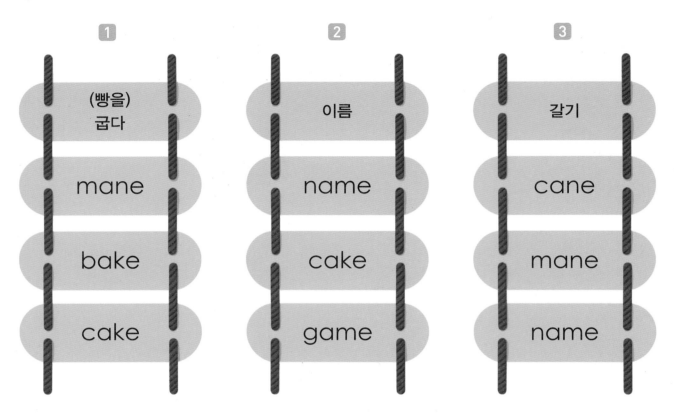

1	2	3
(빵을) 굽다	이름	갈기
mane	name	cane
bake	cake	mane
cake	game	name

B 그림에 알맞은 단어의 알파벳을 순서대로 쓰세요.

1

a

2

a

오늘 공부할 문장   I like my name.

문장을 잘 듣고, 큰 소리로 따라 말하세요. 🔊

| I
/아이/
나는 | + | like
/라익/
좋아하다 | + | my
/마이/
나의 | + | name
/네임/
이름을 | = | I like my name.
나는 나의 이름을 좋아한다. |

my는 '나의'라는 뜻으로, 내 것 또는 내가 가진 것을 나타낼 때 쓸 수 있어요.

 문장을 잘 듣고, 두 번씩 따라 말하세요. 그리고 ake, ame이 쓰인 단어에 동그라미 하세요. 🔊

1 I like my name.   나는 나의 이름을 좋아한다.

2 I like cake.   나는 케이크를 좋아한다.

3 I like the board game.   나는 그 보드 게임을 좋아한다.

B 우리말에 알맞게 영어 문장을 완성하세요.

1 나는 나의 이름을 좋아한다.   I like my _____.

2 나는 그 보드 게임을 좋아한다.   I like the board _____.

3 나는 케이크를 좋아한다.   I like _____.

장모음 i

소리 단어가 'i+자음+e'로 끝나면 i는 알파벳 이름처럼 /아이/ 소리가 나요.
마지막 e는 소리가 나지 않아요.

★ 알파벳의 소리와 단어를 잘 듣고, 큰 소리로 따라 말하세요. 🔊

1

| i /아이/ | + | ce /ㅆ/ | = | ice /아이ㅆ/ |

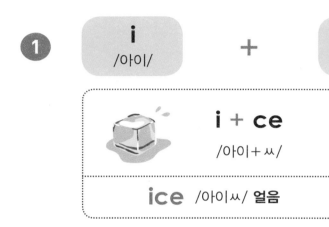

i + ce
/아이+ㅆ/

ice /아이ㅆ/ 얼음

d + ice
/ㄷ+아이ㅆ/

dice /다이ㅆ/ 주사위

2

| i /아이/ | + | de /ㄷ/ | = | ide /아읻/ |

h + ide
/ㅎ+아읻/

hide /하읻/ 숨다

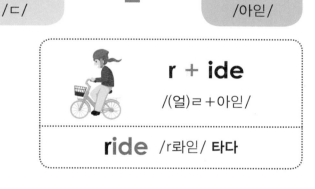

r + ide
/(얼)ㄹ+아읻/

ride /r롸읻/ 타다

3

| i /아이/ | + | ke /ㅋ/ | = | ike /아익/ |

b + ike
/ㅂ+아익/

bike /바익/ 자전거

l + ike
/(을)ㄹ+아익/

like /라익/ 좋아하다

Sounds 소리 구별하기

A 단어를 잘 듣고, 알맞은 알파벳에 동그라미 하세요. 🔊

1   d + ice / ike

2   r + ice / ide

3   l + ide / ike

4   i + ce / ke

5   h + ice / ide

6   b + ike / ide

B 단어를 잘 듣고, 알맞은 알파벳을 〈보기〉에서 찾아 쓰세요. 🔊

보기

ide   ice   ike

1   h _____

2   _____

3   b _____

4   d _____

5   r _____

6   l _____

단어를 큰 소리로 두 번씩 읽고, 알맞은 그림에 연결하세요.

1 ride ·

2 dice ·

3 bike ·

B 우리말에 알맞게 알파벳을 재배열하여 두 번씩 다시 쓰세요.

1 얼음   i e c →

2 좋아하다   k i l e →

3 숨다   e d i h →

오늘 공부할 문장 Let's ride a bike.

문장을 잘 듣고, 큰 소리로 따라 말하세요. 🔊

Let's	ride	a bike		Let's ride a bike.
/렛츠/ +	/r라읻/ +	/어 바읻/ =		자전거를 타자.
~하자	타다	자전거를		

'Let's ~'는 '(함께) ~하자'라는 뜻으로, 다른 사람에게 무언가를 함께 하자고 말할 때 쓸 수 있어요.

A 문장을 잘 듣고, 두 번씩 따라 말하세요. 그리고 ice, ide, ike이 쓰인 단어에 동그라미 하세요. 🔊

1 Let's ride a bike.　　　　　　　　자전거를 타자.

2 Let's play hide-and-seek.　　　　숨바꼭질을 하자.
　*hide-and-seek: 숨바꼭질

3 Let's roll the dice.　　　　　　　그 주사위를 굴리자.

B 우리말에 알맞게 영어 문장을 완성하세요.

1 그 주사위를 굴리자.　　Let's roll the _____ .

2 숨바꼭질을 하자.　　　Let's play _____ -and-seek.

3 자전거를 타자.　　　　Let's ride a _____ .

장모음 o

소리 단어가 'o+자음+e'로 끝나면 o는 알파벳 이름처럼 /오우/ 소리가 나요. 마지막 e는 소리가 나지 않아요.

★ 알파벳의 소리와 단어를 잘 듣고, 큰 소리로 따라 말하세요. 🔊

1

| **o** /오우/ | **+** | **le** /ㄹ/ | **=** | **ole** /오울/ |

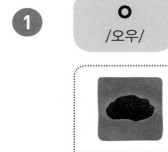

h + ole /ㅎ+오울/

hole /호울/ 구멍

m + ole /ㅁ+오울/

mole /모울/ 두더지

2

| **o** /오우/ | **+** | **ne** /ㄴ/ | **=** | **one** /오운/ |

b + one /ㅂ+오운/

bone /보운/ 뼈

c + one /ㅋ+오운/

cone /코운/ (아이스크림) 콘

3

| **o** /오우/ | **+** | **se** /ㅈ/ | **=** | **ose** /오우ㅈ/ |

n + ose /ㄴ+오우ㅈ/

nose /노우ㅈ/ 코

r + ose /(얼)ㄹ+오우ㅈ/

rose /r로우ㅈ/ 장미

 **Sounds** 소리 구별하기

A 단어를 잘 듣고, 알맞은 알파벳에 동그라미 하세요. 🔊

1 m + ole
                    one

2 r + one
                    ose

3 c + ose
                    one

4 h + ose
                    ole

5 n + ole
                    ose

6 b + one
                    ole

B 단어를 잘 듣고, 알맞은 알파벳을 〈보기〉에서 찾아 쓰세요. 🔊

보기

one   ole   ose

1 h _____

2 n _____

3 r _____

4 b _____

5 c _____

6 m _____

그림에 알맞은 알파벳을 연결하고, 큰 소리로 두 번씩 읽으세요.

1   c ·   · one

2   m ·   · ose

3   r ·   · ole

B 우리말에 알맞은 알파벳을 풍선에서 찾아 쓰세요.

1 구멍 _____

2 뼈 _____

3 코 _____

b   n   h

ole   one   ose

오늘 공부할 문장 These are ice cream cones.

문장을 잘 듣고, 큰 소리로 따라 말하세요. ◀))

These are /디즈 알/ 이것들은 ~이다 **+** ice cream cones /아이스크림 코운스/ 아이스크림콘들 **=** These are ice cream cones. 이것들은 아이스크림콘들이다.

'These are ~'은 '이것들은 ~이다'라는 뜻으로, 사람이나 사물이 가까이에 여러 개 있는 것을 나타낼 때 쓸 수 있어요.

A 문장을 잘 듣고, 두 번씩 따라 말하세요. 그리고 ole, one, ose가 쓰인 단어에 동그라미 하세요. ◀))

1 These are ice cream cones. 이것들은 아이스크림콘들이다.

2 These are moles. 이것들은 두더지들이다.

3 These are roses. 이것들은 장미들이다.

B 우리말에 알맞게 영어 문장을 완성하세요.

1 이것들은 장미들이다. These are _____.

2 이것들은 두더지들이다. These are _____.

3 이것들은 아이스크림콘들이다. These are ice cream _____.

장모음 U

소리 단어가 'u+자음+e'로 끝나면 u는 단어 안에서 /유-/ 또는 /우-/ 소리가 나요. 마지막 e는 소리가 나지 않아요.

★ 알파벳의 소리와 단어를 잘 듣고, 큰 소리로 따라 말하세요. 🔊

1
| u /유-/ | + | be /ㅂ/ | = | ube /유-ㅂ/ |

c + ube
/ㅋ+유-ㅂ/
cube /큐-ㅂ/ 정육면체

t + ube
/ㅌ+유-ㅂ/
tube /튜-ㅂ/ 튜브

2
| u /유-, 우-/ | + | le /ㄹ/ | = | ule /유-ㄹ, 우-ㄹ/ |

m + ule
/ㅁ+유-ㄹ/
mule /뮤-ㄹ/ 노새

생활 규칙
1. 떠들지 않기
2. 지각하지 않기

r + ule
/(얼)ㄹ+우-ㄹ/
rule /r루-ㄹ/ 규칙

3
| u /유-/ | + | ge /ㅈ/ | = | uge /유-ㅈ/ |

h + uge
/ㅎ+유-ㅈ/
huge /휴-ㅈ/ 거대한

4
| u /유-/ | + | te /ㅌ/ | = | ute /유-ㅌ/ |

c + ute
/ㅋ+유-ㅌ/
cute /큐-ㅌ/ 귀여운

Sounds 소리 구별하기

A 단어를 잘 듣고, 알맞은 알파벳에 동그라미 하세요. 🔊

1   r + ule / uge

2   h + uge / ube

3   t + ute / ube

4   c + ute / uge

5   c + ube / ule

6   m + ule / ute

B 단어를 잘 듣고, 알맞은 알파벳을 〈보기〉에서 찾아 쓰세요. 🔊

보기

ute　ule　uge　ube

1   c _____

2   m _____

3   h _____

4   c _____

5   t _____

6  r _____

Words 단어 읽고 쓰기

 그림에 알맞은 단어를 연결하고, 큰 소리로 두 번씩 읽으세요.

1   ·   · huge

2   ·   · mule

3   ·   · cube

 우리말에 알맞게 알파벳을 바르게 고쳐 두 번씩 다시 쓰세요.

1 규칙   rute →

2 귀여운   cule →

3 튜브   tuge →

오늘 공부할 문장 **The cube is huge.**

문장을 잘 듣고, 큰 소리로 따라 말하세요. 🔊

The cube	+	is	+	huge	=	The cube is huge.
/더 큐–ㅂ/		/이즈/		/휴–ㅈ/		그 정육면체는 거대하다.
그 정육면체는		~하다		거대한		

huge는 크기나 양 또는 정도가 매우 클 때 사용하는 단어로 '거대한'이라는 뜻이에요.

A 문장을 잘 듣고, 두 번씩 따라 말하세요. 그리고 ube, uge, ule, ute이 쓰인 단어에 동그라미 하세요. 🔊

1. The cube is huge.　　　그 정육면체는 거대하다.

2. The tube is huge.　　　그 튜브는 거대하다.

3. The mule is cute.　　　그 노새는 귀엽다.

B 우리말에 알맞게 영어 문장을 완성하세요.

1. 그 튜브는 거대하다.　　　The _____ is huge.

2. 그 노새는 귀엽다.　　　The mule is _____.

3. 그 정육면체는 거대하다.　　　The cube is _____.

발음 듣기

 A 단어를 잘 듣고, 알맞은 것을 고르세요. 🔊

1
① bone
② bike

2
① cane
② cone

3
① nose
② name

4
① ride
② rule

5
① mane
② mule

6
① hole
② hide

생활 규칙
1. 떠들지 않기
2. 지각하지 않기

 B 단어를 잘 듣고, 빈칸에 들어갈 알파벳을 연결하세요. 🔊

1   b____ •   • ike

2   l____ •   • ose

3   r____ •   • ake

4   c____ •   • ute

C. 그림에 알맞은 알파벳을 〈보기〉에서 찾아 쓰세요.

보기

| ube | ane | ide | ame | ole | one |

1 b ____

2 m ____

3 g ____

4 r ____

5 h ____

6 t ____

D. 우리말에 알맞게 〈보기〉에서 단어를 찾아 영어 문장을 완성하세요.

보기

| cube | dice | moles | name |

1 이것들은 두더지들이다.   These are _____.

2 나는 나의 이름을 좋아한다.   I like my _____.

3 그 정육면체는 거대하다.   The _____ is huge.

4 그 주사위를 굴리자.   Let's roll the _____.

DAY 15

연속자음
bl, cl, fl, gl, pl, sl

소리 연속자음은 단어 안에서 자음과 자음이 **연이어** 소리가 나는데, 자음 다음에 오는 l은 /(을)ㄹ/ 소리가 나요.

★ 알파벳의 소리와 단어를 잘 듣고, 큰 소리로 따라 말하세요. 🔊

① **b** /ㅂ/ + **l** /(을)ㄹ/ = **bl** /블ㄹ/

bl + ue
/블ㄹ+우-/

blue /블루-/ 파란

② **c** /ㅋ/ + **l** /(을)ㄹ/ = **cl** /클ㄹ/

cl + ea + n
/클ㄹ+이-+ㄴ/

clean /클리-ㄴ/ 깨끗한

③ **f** /fㅍ/ + **l** /(을)ㄹ/ = **fl** /f플ㄹ/

fl + ag
/f플ㄹ+액/

flag /f플랙/ 깃발

④ **g** /ㄱ/ + **l** /(을)ㄹ/ = **gl** /글ㄹ/

gl + oves
/글ㄹ+어브ㅅ/

gloves /글러브ㅅ/ 장갑

⑤ **p** /ㅍ/ + **l** /(을)ㄹ/ = **pl** /플ㄹ/

pl + ay
/플ㄹ+에이/

play /플레이/ 놀다

⑥ **s** /ㅅ/ + **l** /(을)ㄹ/ = **sl** /슬ㄹ/

sl + ide
/슬ㄹ+라잍/

slide /슬라읻/ 미끄럼틀

 A. 단어를 잘 듣고, 알맞은 알파벳에 동그라미 하세요. 🔊

1 bl / fl + ag

2 sl / gl + ide

3  sl / cl + ean

4 fl / pl + ay

5 bl / pl + ue

6 gl / fl + oves

B. 단어를 잘 듣고, 알맞은 알파벳을 〈보기〉에서 찾아 쓰세요. 🔊

보기

cl   bl   fl   gl   pl   sl

1 ____ay

2 ____ue

3 ____ide

4 ____ean

5 ____oves

6  ____ag

그림에 알맞은 알파벳을 연결하고, 큰 소리로 두 번씩 읽으세요.

1    ·   · gl ·   · oves

2    ·   · cl ·   · ay

3    ·   · pl ·   · ean

 우리말에 알맞게 빠진 알파벳에 동그라미 하고, 단어를 다시 쓰세요.

1   깃발   f__ag | r | l | i | → _____

2   파란   __lue | b | d | p | → _____

3   미끄럼틀   sli__e | q | d | b | → _____

오늘 공부할 문장 **The flag is blue.**

문장을 잘 듣고, 큰 소리로 따라 말하세요. 🔊

The flag		is		blue		The flag is blue.
/더 f플랙/	+	/이즈/	+	/블루-/	=	그 깃발은 파랗다.
그 깃발은		~하다		파란		

문장의 맨 앞에 나오는 말이 'the flag(깃발)'처럼 한 개일 때에는 is를 쓰고, 'the gloves(장갑 두 개)'처럼 여러 개일 때에는 are을 사용해요.

A 문장을 잘 듣고, 두 번씩 따라 말하세요. 그리고 bl, fl, gl, sl가 쓰인 단어에 동그라미 하세요. 🔊

1 The flag is blue.　　　그 깃발은 파랗다.

2 The slide is blue.　　　그 미끄럼틀은 파랗다.

3 The gloves are blue.　　그 장갑은 파랗다.

B 우리말에 알맞게 영어 문장을 완성하세요.

1 그 깃발은 파랗다.　　The flag is _____.

2 그 장갑은 파랗다.　　The _____ are blue.

3 그 미끄럼틀은 파랗다.　　The _____ is blue.

DAY 16

연속자음
br, cr, dr, gr, pr, tr

발음 듣기

공부한 날
월 일

소리 연속자음은 단어 안에서 자음과 자음이 **연이어** 소리가 나는데, 자음 다음에 오는 r은 /(얼)ㄹ/ 소리가 나요.

★ 알파벳의 소리와 단어를 잘 듣고, 큰 소리로 따라 말하세요. 🔊

1 **b** /ㅂ/ **+** **r** /(얼)ㄹ/ **=** **br** /브뤄/

br + ea + d
/브뤄+에+ㄷ/

bread /브뤠드/ **빵**

2 **c** /ㅋ/ **+** **r** /(얼)ㄹ/ **=** **cr** /크뤄/

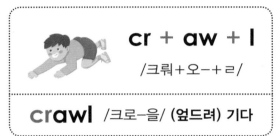

cr + aw + l
/크뤄+오-+ㄹ/

crawl /크로-을/ **(엎드려) 기다**

3 **d** /ㄷ/ **+** **r** /(얼)ㄹ/ **=** **dr** /드뤄/

dr + ive
/드뤄+아이ㅂv/

drive /드라입v/ **운전하다**

4 **g** /ㄱ/ **+** **r** /(얼)ㄹ/ **=** **gr** /그뤄/

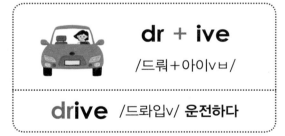

gr + a + ss
/그뤄+에+ㅆ/

grass /그뤠ㅆ/ **풀, 잔디**

5 **p** /ㅍ/ **+** **r** /(얼)ㄹ/ **=** **pr** /프뤄/

pr + ay
/프뤄+에이/

pray /프뤠이/ **기도하다**

6 **t** /ㅌ/ **+** **r** /(얼)ㄹ/ **=** **tr** /트뤄/

tr + ee
/트뤄+이-/

tree /트뤼-/ **나무**

Sounds 소리 구별하기

 A 단어를 잘 듣고, 알맞은 알파벳에 동그라미 하세요. 🔊

1. gr / pr + ass

2. tr / cr + ee

3. gr / br + ead

4. pr / tr + ay

5. dr / cr + awl

6. cr / dr + ive

B 단어를 잘 듣고, 알맞은 알파벳을 〈보기〉에서 찾아 쓰세요. 🔊

보기
br   tr   cr   pr   gr   dr

1. _____ ay

2. _____ ead

3. _____ ive

4. _____ ee

5.  _____ ass

6.  _____ awl

Words 단어 읽고 쓰기

 A. 단어를 차례대로 소리 내어 읽고, 우리말에 알맞은 단어에 동그라미 하세요.

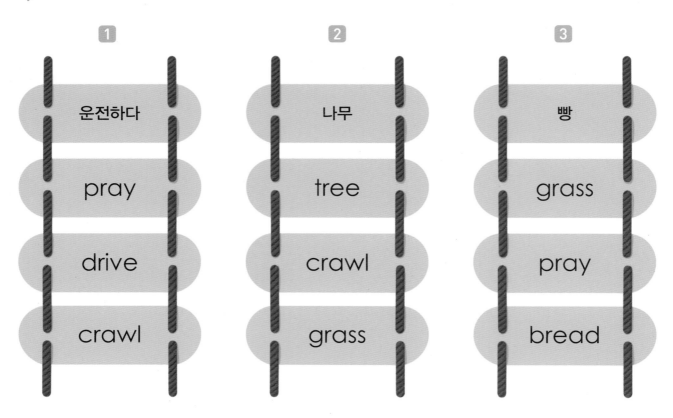

1	2	3
운전하다	나무	빵
pray	tree	grass
drive	crawl	pray
crawl	grass	bread

B. 그림에 알맞은 단어의 알파벳을 순서대로 쓰세요.

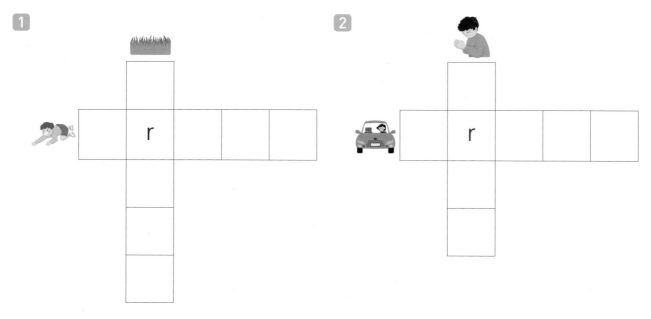

1   r

2   r

오늘 공부할 문장 He can't crawl.

문장을 잘 듣고, 큰 소리로 따라 말하세요. 🔊

He + can't + crawl = He can't crawl.
/히/   /캔ㅌ/   /크로-을/   그는 기어 다닐 수 없다.
그는   ~을 할 수 없다   (엎드려) 기다

can't는 cannot의 줄임말로, '~을 할 수 없다'라는 뜻이에요.

A 문장을 잘 듣고, 두 번씩 따라 말하세요. 그리고 cr, dr, pr가 쓰인 단어에 동그라미 하세요. 🔊

1 He can't crawl.   그는 기어 다닐 수 없다.

2 He can't drive a car.   그는 차를 운전할 수 없다.

3 He can't pray.   그는 기도할 수 없다.

B 우리말에 알맞게 영어 문장을 완성하세요.

1 그는 차를 운전할 수 없다.   He can't _____ a car.

2 그는 기어 다닐 수 없다.   He can't _____ .

3 그는 기도할 수 없다.   He can't _____ .

연속자음 sk, sm, sw

소리 연속자음은 단어 안에서 자음과 자음이 **연이어** 소리가 나요.

★ 알파벳의 소리와 단어를 잘 듣고, 큰 소리로 따라 말하세요. ◀》

1

| **s** /ㅅ/ | **+** | **k** /ㅋ/ | **=** | **sk** /ㅅㅋ/ |

sk + ate
/ㅅㅋ+에잍/

skate /스케잍/ 스케이트를 타다

sk + i
/ㅅㅋ+이-/

ski /스키-/ 스키를 타다

2

| **s** /ㅅ/ | **+** | **m** /ㅁ/ | **=** | **sm** /ㅅㅁ/ |

sm + a + ll
/ㅅㅁ+어+ㄹ/

small /스멀/ (크기가) 작은

sm + ile
/ㅅㅁ+아일/

smile /스마일/ 미소 짓다

3

| **s** /ㅅ/ | **+** | **w** /(우)워/ | **=** | **sw** /ㅅ워/ |

sw + a + n
/ㅅ워+아+ㄴ/

swan /스완/ 백조

sw + i + m
/ㅅ워+이+ㅁ/

swim /스윔/ 수영하다

 단어를 잘 듣고, 알맞은 알파벳에 동그라미 하세요. 🔊

1 sw / sk + i

2 sm / sk + all

3 sk / sm + ate

4 sm / sw + an

5 sm / sw + ile

6  sw / sk + im

B 단어를 잘 듣고, 알맞은 알파벳을 〈보기〉에서 찾아 쓰세요. 🔊

보기

sk   sm   sw

1 _____ an

2 _____ im

3 _____ ile

4   _____ all

5 _____ ate

6 _____ i

Words 단어 읽고 쓰기

 단어를 큰 소리로 두 번씩 읽고, 알맞은 그림에 연결하세요.

1 small ·

2 swim ·

3 ski ·

B 우리말에 알맞게 알파벳을 재배열하여 두 번씩 다시 쓰세요.

1 스케이트를 타다 a e s k t →

2 미소 짓다 s i l e m →

3 백조 w a s n →

오늘 공부할 문장 **Can you skate?**

문장을 잘 듣고, 큰 소리로 따라 말하세요. 🔊

Can		you		skate		Can you skate?
/캔/	**+**	/유/	**+**	/스케잍/	**=**	너는 스케이트를 탈 수 있니?
~할 수 있니?		너는		스케이트를 타다		

'할 수 있다'라는 뜻의 can을 문장 맨 앞에 쓰면 무언가를 할 수 있는지 물어보는 문장을 만들 수 있어요. 즉, 'Can you ~?'는 '너는 ~을 할 수 있니?'라는 뜻이에요.

A 문장을 잘 듣고, 두 번씩 따라 말하세요. 그리고 sk, sm, sw가 쓰인 단어에 동그라미 하세요. 🔊

① Can you skate?　　너는 스케이트를 탈 수 있니?

② Can you smile?　　너는 미소 지을 수 있니?

③ Can you swim?　　너는 수영할 수 있니?

B 우리말에 알맞게 영어 문장을 완성하세요.

① 너는 수영할 수 있니?　　Can you ＿＿＿＿＿＿＿＿ ?

② 너는 스케이트를 탈 수 있니?　　Can you ＿＿＿＿＿＿＿＿ ?

③ 너는 미소 지을 수 있니?　　Can you ＿＿＿＿＿＿＿＿ ?

DAY 18 연속자음 sn, st, tw

발음 듣기

공부한 날
월 일

소리 연속자음은 단어 안에서 자음과 자음이 **연이어** 소리가 나요.

★ 알파벳의 소리와 단어를 잘 듣고, 큰 소리로 따라 말하세요.

①

s /ㅅ/	+	n /ㄴ/	=	sn /ㅅㄴ/

 sn + ail /ㅅㄴ+에일/

snail /스네일/ 달팽이

 sn + ow /ㅅㄴ+오우/

snow /스노우/ 눈

②

s /ㅅ/	+	t /ㅌ/	=	st /ㅅㅌ/

 st + ar /ㅅㅌ+알r/

star /스탈r/ 별

 st + one /ㅅㅌ+오운/

stone /스토운/ 돌

③

t /ㅌ/	+	w /(우)워/	=	tw /ㅌ워/

12 **tw + el + ve** /ㅌ워+엘+v ㅂ/

twelve /트웰v ㅂ/ 열둘, 십이

 tw + i + n /ㅌ워+이+ㄴ/

twin /트윈/ 쌍둥이

Sounds 소리 구별하기

 A 단어를 잘 듣고, 알맞은 알파벳에 동그라미 하세요. 🔊

1 $\begin{matrix} st \\ sn \end{matrix}$ + ar

2 **12** $\begin{matrix} tw \\ st \end{matrix}$ + elve

3 $\begin{matrix} st \\ sn \end{matrix}$ + ail

4  $\begin{matrix} sn \\ tw \end{matrix}$ + in

5 $\begin{matrix} sn \\ st \end{matrix}$ + ow

6 $\begin{matrix} st \\ tw \end{matrix}$ + one

B 단어를 잘 듣고, 알맞은 알파벳을 〈보기〉에서 찾아 쓰세요. 🔊

보기

| tw   sn   st |

1 **12** ____ elve

2 ____ one

3 ____ ow

4  ____ ail

5 ____ in

6 ____ ar

그림에 알맞은 알파벳을 연결하고, 큰 소리로 두 번씩 읽으세요.

1      sn ·   · in

2      tw ·   · ail

3   st ·   · ar

B 우리말에 알맞은 알파벳을 풍선에서 찾아 쓰세요.

1 돌   _____

2 열둘
십이   _____

3 눈   _____

tw   sn   st   ow   elve   one

오늘 공부할 문장 There are twelve snails.

문장을 잘 듣고, 큰 소리로 따라 말하세요. 🔊

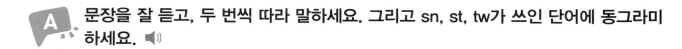

There are		twelve		snails		There are twelve snails.
/데얼 알/	+	/트웰vㅂ/	+	/스네일ㅅ/	=	열두 마리의 달팽이들이 있다.
~들이 있다		열두 마리의		달팽이들		

'There are ~'는 '~들이 있다'라는 뜻으로, 사람이나 물건의 위치, 수가 여러 개일 때 사용해요.

A 문장을 잘 듣고, 두 번씩 따라 말하세요. 그리고 sn, st, tw가 쓰인 단어에 동그라미 하세요. 🔊

1 There are twelve snails.　　열두 마리의 달팽이들이 있다.

2 There are twelve stones.　　열두 개의 돌들이 있다.

3 There are twelve stars.　　열두 개의 별들이 있다.

B 우리말에 알맞게 영어 문장을 완성하세요.

1 열두 개의 별들이 있다.　　There are ⎯⎯⎯⎯⎯⎯ stars.

2 열두 개의 돌들이 있다.　　There are twelve ⎯⎯⎯⎯⎯⎯.

3 열두 마리의 달팽이들이 있다.　　There are twelve ⎯⎯⎯⎯⎯⎯.

A 단어를 잘 듣고, 알맞은 것을 고르세요. 🔊

1
① pray
② play

2
① bread
② blue

3
① drive
② slide

4
① snake
② skate

5
① clean
② crawl

6
① twin
② swim

B 단어를 잘 듣고, 빈칸에 들어갈 알파벳을 연결하세요. 🔊

1 　＿＿＿ile　　　・　　　・ sk

2 　＿＿＿ass　　　・　　　・ sm

3 **12**　＿＿＿elve　　　・　　　・ tw

4 　＿＿＿i　　　・　　　・ gr

C 그림에 알맞은 알파벳을 〈보기〉에서 찾아 쓰세요.

보기

| bl | sw | fl | sm | tr | sn |

1 _____ ail

2 _____ all

3 _____ ee

4 _____ an

5 _____ ue

6 _____ ag

D 우리말에 알맞게 〈보기〉에서 단어를 찾아 영어 문장을 완성하세요.

보기

stones   gloves   crawl   swim

1 그는 기어 다닐 수 없다.

He can't _____ .

2 너는 수영할 수 있니?

Can you _____ ?

3 그 장갑은 파랗다.

The _____ are blue.

4 열두 개의 돌들이 있다.

There are twelve _____ .

이중자음 ch, sh

공부한 날
월   일

발음 듣기

소리 이중자음은 두 개의 자음이 합쳐져서 **새로운** 소리가 나는데, ch는 **/취/** 소리가 나요. sh는 **/쉬/** 소리가 나요.

★ 알파벳의 소리와 단어를 잘 듣고, 큰 소리로 따라 말하세요. 🔊

① c **+** h **=** **ch** /취/

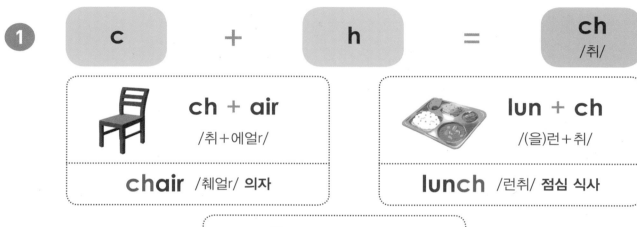

ch + air
/취+에얼r/
chair /췌얼r/ 의자

lun + ch
/(을)런+취/
lunch /런취/ 점심 식사

tea + ch
/티-+취/
teach /티-취/ 가르치다

② s **+** h **=** **sh** /쉬/

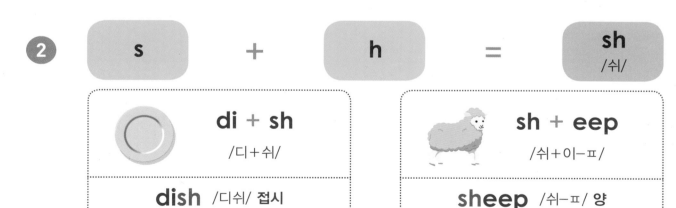

di + sh
/디+쉬/
dish /디쉬/ 접시

sh + eep
/쉬+이-ㅍ/
sheep /쉬-ㅍ/ 양

wa + sh
/와-+쉬/
wash /와-쉬/ 씻다

 단어를 잘 듣고, 알맞은 알파벳에 동그라미 하세요.

1 sh / ch + eep

2 sh / ch + air

3 tea + sh / ch

4 di + ch / sh

5  lun + ch / sh

6 wa + sh / ch

 단어를 잘 듣고, 알맞은 알파벳을 〈보기〉에서 찾아 쓰세요.

보기

ch   sh

1 di_____

2  lun_____

3 _____air

4 wa_____

5 _____eep

6 tea_____

그림에 알맞은 단어를 연결하고, 큰 소리로 두 번씩 읽으세요.

1 · · chair

2 ⬭ · · teach

3 🪑 · · dish

B 우리말에 알맞게 알파벳을 바르게 고쳐 두 번씩 다시 쓰세요.

1 씻다   wach → _____   _____

2 점심 식사   lunsh → _____   _____

3 양   sheap → _____   _____

오늘 공부할 문장 I'm teaching English.

문장을 잘 듣고, 큰 소리로 따라 말하세요. 🔊

I'm teaching		English		I'm teaching English.
/아임 티-칭/	+	/잉글리쉬/	=	나는 영어를 가르치는 중이다.
나는 가르치는 중이다		영어를		

I'm은 I am을 줄인 말이에요. '가르치다'라는 뜻을 가진 단어 teach에 -ing를 붙이면 '가르치는 중'이라는 뜻이에요. 예 I wait. (나는 기다린다.) → I'm waiting. (나는 기다리는 중이다.)

A 문장을 잘 듣고, 두 번씩 따라 말하세요. 그리고 ch, sh가 쓰인 단어에 동그라미 하세요. 🔊

1 I'm teaching English.   나는 영어를 가르치는 중이다.

2 I'm washing dishes.   나는 접시들을 닦는 중이다.

3 I'm having lunch.   나는 점심을 먹는 중이다.

B 우리말에 알맞게 영어 문장을 완성하세요.

1 나는 점심을 먹는 중이다.   I'm having _____.

2 나는 영어를 가르치는 중이다.   I'm _____ English.

3 나는 접시들을 닦는 중이다.   I'm washing _____.

이중자음 gh, ph, th

소리 이중자음은 두 개의 자음이 합쳐져서 **새로운 소리**가 나는데, gh와 ph는 /fㅍ/ 소리가 나요. th는 /ㅆ/ 소리가 나요.

★ 알파벳의 소리와 단어를 잘 듣고, 큰 소리로 따라 말하세요. ◀))

1   g   +   h   =   **gh** /fㅍ/

 cou + gh
/커+fㅍ/

cough /커fㅍ/ 기침하다

lau + gh
/(을)래+fㅍ/

laugh /래fㅍ/ (소리 내어) 웃다

2   p   +   h   =   **ph** /fㅍ/

 dol + ph + in
/다-ㄹ+fㅍ+인/

dolphin /다-ㄹf핀/ 돌고래

ph + o + to
/fㅍ+오우+토우/

photo /f포우토우/ 사진

3   t   +   h   =   **th** /ㅆ/

 ba + th
/배+ㅆ/

bath /배쓰/ 목욕

 th + ink
/ㅆ+잉크/

think /씽크/ 생각하다

Sounds 소리 구별하기

 단어를 잘 듣고, 알맞은 알파벳에 동그라미 하세요. ◀))

1 th / ph + ink

2 ph / gh + oto

3 ba + ph / th

4 dol + phin / ghin

5 cou + th / gh

6 lau + gh / th

B 단어를 잘 듣고, 알맞은 알파벳을 〈보기〉에서 찾아 쓰세요. ◀))

보기

th gh ph

1 dol___ in

2 ba___

3 lau___

4 ___ink

5 ___oto

6 cou___

그림에 알맞은 알파벳을 연결하고, 큰 소리로 두 번씩 읽으세요.

1 ·   · ba ·   · th

2 ·   · cou ·

3 ·   · lau ·   · gh

 우리말에 알맞게 빠진 알파벳에 동그라미 하고, 단어를 다시 쓰세요.

1 생각하다   t__ink   [n] [h] [p]   → _____

2 사진   __hoto   [p] [t] [g]   → _____

3 돌고래   dol__hin   [t] [g] [p]   → _____

오늘 공부할 문장 **I want to take a photo.**

문장을 잘 듣고, 큰 소리로 따라 말하세요. 🔊

I		want to		take a photo		I want to take a photo.
/아이/	+	/원 투/	+	/테잌 어 f포우토우/	=	**나는 사진을 찍고 싶다.**
나는		～하고 싶다		사진을 찍다		

want to는 '～하고 싶다'라는 뜻으로, 뒤에 '～하다'의 뜻을 지닌 단어가 와요.
예 want to ride (타고 싶다)   want to stay (머무르고 싶다)

A 문장을 잘 듣고, 두 번씩 따라 말하세요. 그리고 gh, ph, th가 쓰인 단어에 동그라미 하세요. 🔊

1 I want to take a photo.   나는 사진을 찍고 싶다.

2 I want to take a bath.   나는 목욕을 하고 싶다.

3 I want to laugh.   나는 소리 내어 웃고 싶다.

B 우리말에 알맞게 영어 문장을 완성하세요.

1 나는 소리 내어 웃고 싶다.   I want to _____.

2 나는 사진을 찍고 싶다.   I want to take a _____.

3 나는 목욕을 하고 싶다.   I want to take a _____.

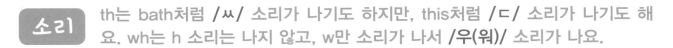

소리 th는 bath처럼 /ㅆ/ 소리가 나기도 하지만, this처럼 /ㄷ/ 소리가 나기도 해요. wh는 h 소리는 나지 않고, w만 소리가 나서 /우(워)/ 소리가 나요.

★ 알파벳의 소리와 단어를 잘 듣고, 큰 소리로 따라 말하세요. 🔊

① t + h = **th** /ㄷ/

th + is /ㄷ+이쓰/

this /디쓰/ (가까이 있는) 이것

th + at /ㄷ+앹/

that /댙/ (멀리 있는) 저것

th + ey /ㄷ+에이/

they /데이/ 그들

② w + h = **wh** /(우)워/

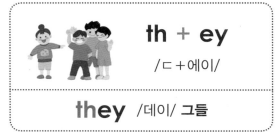

wh + ale /(우)워+에일/

whale /웨일/ 고래

wh + at /(우)워+앹/

what /왙/ 무엇

wh + ite /(우)워+아잍/

white /와잍/ 흰색의

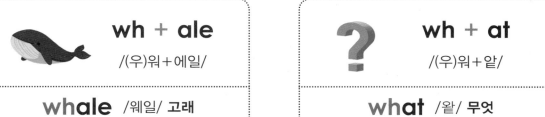

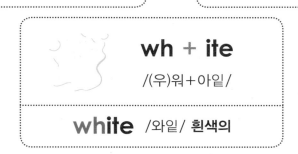

 A 단어를 잘 듣고, 알맞은 알파벳에 동그라미 하세요. ◀))

1 wh / th + ite

2 wh / th + at

3  wh / th + ey

4 wh / th + ale

5 ? wh / th + at

6 wh / th + is

B 단어를 잘 듣고, 알맞은 알파벳을 〈보기〉에서 찾아 쓰세요. ◀))

보기

wh   th

1 ___ ale

2 ? ___ at

3 ___ at

4 ___ is

5 ___ ite

6  ___ ey

A. 단어를 차례대로 소리 내어 읽고, 우리말에 알맞은 단어에 동그라미 하세요.

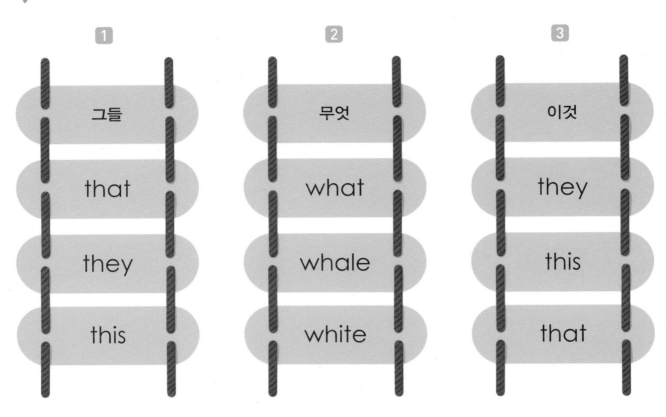

1	2	3
그들	무엇	이것
that	what	they
they	whale	this
this	white	that

B. 그림에 알맞은 단어의 알파벳을 순서대로 쓰세요.

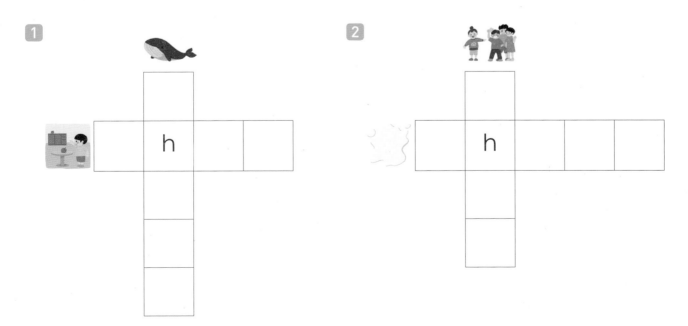

1

h

2

h

오늘 공부할 문장 **What is this?**

문장을 잘 듣고, 큰 소리로 따라 말하세요. 🔊

| What
/왈/
무엇 | + | is
/이즈/
~인가요? | + | this
/디쓰/
이것 | = | **What is this?**
이것은 무엇인가요? |

what을 문장의 맨 앞에 사용하면 질문을 만들 수 있어요. 'What is ~?'는 '~은 무엇인가요?'라는 뜻이에요. 대답은 'This is ~. (이것은 ~입니다.)'나 'That is ~. (저것은 ~입니다.)'로 할 수 있어요.

A 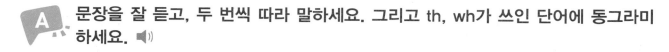 문장을 잘 듣고, 두 번씩 따라 말하세요. 그리고 th, wh가 쓰인 단어에 동그라미 하세요. 🔊

1 What is this?　　　　　이것은 무엇인가요?

2 This is a white whale.　이것은 하얀 고래입니다.

3 What is that?　　　　　저것은 무엇인가요?

B 우리말에 알맞게 영어 문장을 완성하세요.

1 이것은 무엇인가요?　　──────────── is this?

2 이것은 하얀 고래입니다.　This is a ──────── whale.

3 저것은 무엇인가요?　　　What is ──────── ?

묵음 kn, mb, wr

소리 n 앞에 오는 k는 소리가 나지 않아요. m 뒤에 오는 b는 소리가 나지 않아요.
r 앞에 오는 w는 소리가 나지 않아요.

★ 알파벳의 소리와 단어를 잘 듣고, 큰 소리로 따라 말하세요. 🔊

1   k   +   n /ㄴ/   =   kn /ㄴ/

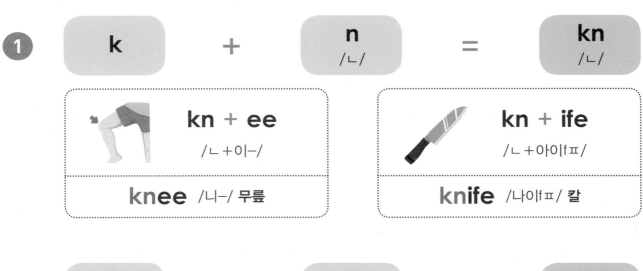

kn + ee /ㄴ+이-/
knee /니-/ 무릎

kn + ife /ㄴ+아이fㅍ/
knife /나이fㅍ/ 칼

2   m /ㅁ/   +   b   =   mb /ㅁ/

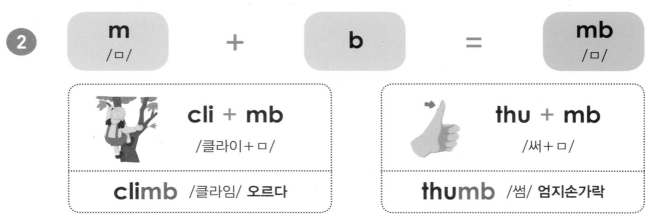

cli + mb /클라이+ㅁ/
climb /클라임/ 오르다

thu + mb /써+ㅁ/
thumb /썸/ 엄지손가락

3   w   +   r /(얼)ㄹ/   =   wr /(얼)ㄹ/

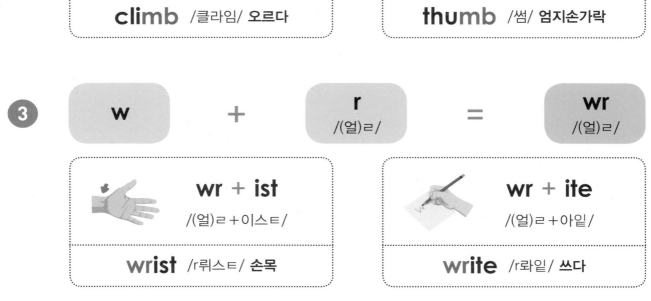

wr + ist /(얼)ㄹ+이스트/
wrist /r뤼스트/ 손목

wr + ite /(얼)ㄹ+아잍/
write /r롸잍/ 쓰다

A 단어를 잘 듣고, 알맞은 알파벳에 동그라미 하세요. 🔊

1 wr / kn + ite

2 wr / kn + ife

3 wr / kn + ist

4 thu + mb / kn

5 wr / kn + ee

6 cli + wr / mb

B 단어를 잘 듣고, 알맞은 알파벳을 〈보기〉에서 찾아 쓰세요. 🔊

보기

kn   mb   wr

1 ____ife

2 ____ist

3 thu____

4 cli____

5 ____ite

6 ____ee

A 단어를 큰 소리로 두 번씩 읽고, 알맞은 그림에 연결하세요.

1 write ·

·

2 knee ·

·

3 thumb ·

·

 B 우리말에 알맞게 알파벳을 재배열하여 두 번씩 다시 쓰세요.

1 손목   w r i t s   →

2 칼   n k f e i   →

3 오르다   m b c l i   →

My thumb hurts.

문장을 잘 듣고, 큰 소리로 따라 말하세요. ◀))

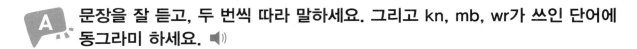

My		thumb		hurts		My thumb hurts.
/마이/	+	/썸/	+	/헐츠/	=	나의 엄지손가락이 아프다.
나의		엄지손가락		아프다		

my는 '나의'라는 뜻으로, my 다음에는 대상이나 물건이 내 것일 때 쓰는 단어가 와요.
예 my thumb(나의 엄지손가락)   my wrist(나의 손목)

A 문장을 잘 듣고, 두 번씩 따라 말하세요. 그리고 kn, mb, wr가 쓰인 단어에 동그라미 하세요. ◀))

1 My thumb hurts.　　나의 엄지손가락이 아프다.

2 My wrist hurts.　　나의 손목이 아프다.

3 My knee hurts.　　나의 무릎이 아프다.

B 우리말에 알맞게 영어 문장을 완성하세요.

1 나의 엄지손가락이 아프다.　　My _____ hurts.

2 나의 무릎이 아프다.　　My _____ hurts.

3 나의 손목이 아프다.　　My _____ hurts.

DAY 23

끝소리 ck, ng, nk

공부한 날
월 일

발음 듣기

소리 끝소리 ck는 /ㅋ/ 소리가 나요. 끝소리 ng는 /응/ 소리가 나요.
끝소리 nk는 /응ㅋ/ 소리가 나요.

★ 알파벳의 소리와 단어를 잘 듣고, 큰 소리로 따라 말하세요. 🔊

1 c + k = ck /ㅋ/

duck /덕/ 오리

ne + ck /네+ㅋ/
neck /넥/ 목

2 n + g = ng /응/

long /렁/ (길이가) 긴

wi + ng /위+응/
wing /윙/ 날개

3 n + k = nk /응ㅋ/

drink /드링ㅋ/ 마시다

pi + nk /피+응ㅋ/
pink /핑ㅋ/ 분홍색의

 A 단어를 잘 듣고, 알맞은 알파벳에 동그라미 하세요. ◀))

1 lo + ng / nk

2 pi + ng / nk

3 ne + ck / nk

4 wi + ng / nk

5 du + ng / ck

6 dri + ck / nk

B 단어를 잘 듣고, 알맞은 알파벳을 〈보기〉에서 찾아 쓰세요. ◀))

보기

ck   ng   nk

1 ne

2 du

3 dri

4 pi

5 lo

6  wi

Words 단어 읽고 쓰기

 그림에 알맞은 알파벳을 연결하고, 큰 소리로 두 번씩 읽으세요.

1  pi ·   · ng

2 wi ·   · ck

3 ne ·   · nk

 우리말에 알맞은 알파벳을 풍선에서 찾아 쓰세요.

1 마시다 _____

2 (길이가) 긴 _____

3 오리 _____

lo   dri   du

ck   nk   ng

The duck has two wings.

문장을 잘 듣고, 큰 소리로 따라 말하세요. 🔊

The duck		has		two		wings
/더 덕/	+	/해즈/	+	/투/	+	/윙ㅅ/
그 오리는		가지다		두 개의		날개들을

= The duck has two wings.
그 오리는 두 개의 날개들을 가지고 있다.

has는 '가지다'라는 뜻으로, 앞에 'the duck(오리는)'과 같이 3인칭(나, 너를 빼고 나머지)이 올 때 사용해요.

 문장을 잘 듣고, 두 번씩 따라 말하세요. 그리고 ck, ng, nk가 쓰인 단어에 동그라미 하세요. 🔊

1 The duck has two wings.　　　그 오리는 두 개의 날개들을 가지고 있다.

2 The king has a pink hat.　　　그 왕은 분홍색 모자를 가지고 있다.

3 The duck has a long neck.　　　그 오리는 긴 목을 가지고 있다.

 우리말에 알맞게 영어 문장을 완성하세요.

1 그 오리는 긴 목을 가지고 있다.　　The duck has a ＿＿＿＿ neck.

2 그 오리는 두 개의 날개들을 가지고 있다.　　The ＿＿＿＿ has two wings.

3 그 왕은 분홍색 모자를 가지고 있다.　　The king has a ＿＿＿＿ hat.

발음 듣기

A 단어를 잘 듣고, 알맞은 것을 고르세요.

1
① laugh
② lunch

2
① write
② knife

3
① wheel
② sheep

4
① teach
② dish

5
① duck
② drink

6
① think
② this

B 단어를 잘 듣고, 빈칸에 들어갈 알파벳을 연결하세요.

1
wi_____ · · ng

2
thu_____ · · wh

3
_____at · · ck

4
ne_____ · · mb

C 그림에 알맞은 알파벳을 〈보기〉에서 찾아 쓰세요.

sh   wh   gh   ch   th   ph

1 cou____

2 dol____in

3 wa____

4 ____at

5 ____at

6 ____air

D 우리말에 알맞게 〈보기〉에서 단어를 찾아 영어 문장을 완성하세요.

lunch   photo   knee   whale

1 이것은 하얀 고래이다.   This is a white _____.

2 나의 무릎이 아프다.   My _____ hurts.

3 나는 사진을 찍고 싶다.   I want to take a _____.

4 나는 점심을 먹는 중이다.   I'm having _____.

장모음 ai, ay

소리 단어 안에서 ai와 ay는 a의 알파벳 이름처럼 **/에이/** 소리가 나요.

★ 알파벳의 소리와 단어를 잘 듣고, 큰 소리로 따라 말하세요. 🔊

1 | **a** | **+** | **i** | **=** | **ai** /에이/ |

r + ai + n
/(얼)ㄹ+에이+ㄴ/
rain /r뤠인/ 비, 비가 오다

t + ai + l
/ㅌ+에이+ㄹ/
tail /테일/ 꼬리

w + ai + t
/(우)워+에이+ㅌ/
wait /웨잍/ 기다리다

2 | **a** | **+** | **y** | **=** | **ay** /에이/ |

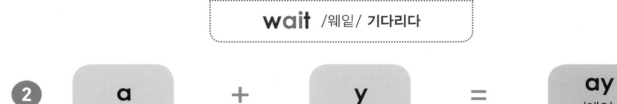

gr + ay
/그뤄+에이/
gray /그뤠이/ 회색

st + ay
/ㅅㅌ+에이/
stay /스테이/ 머무르다

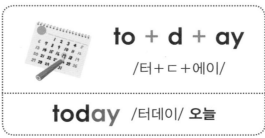

to + d + ay
/터+ㄷ+에이/
today /터데이/ 오늘

Sounds 소리 구별하기

A 단어를 잘 듣고, 알맞은 것을 고르세요. 🔊

1.
   ① wait
   ② wayt

2.
   ① gray
   ② grai

3.
   ① tayl
   ② tail

4.
   ① stay
   ② stai

5.
   ① rain
   ② rayn

6.
   ① today
   ② todai

B 단어를 잘 듣고, 알맞은 알파벳을 〈보기〉에서 찾아 쓰세요. 🔊

보기

> ai   ay

1. st_____

2. tod_____

3. gr_____

4. r____n

5. t____l

6.   w____t

그림에 알맞은 단어에 빠진 알파벳과 연결하고, 큰 소리로 두 번씩 읽으세요.

1   t __ l ·   · ai

2   r __ n ·

3   gr __ ·   · ay

B 우리말에 알맞게 빠진 알파벳에 동그라미 하고, 단어를 다시 쓰세요.

1 기다리다   wa __ t i e y → _____

2 오늘   tod __ y e a o → _____

3 머무르다   sta __ y i a → _____

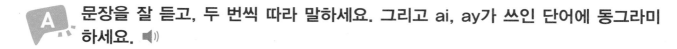

I will wait here.

문장을 잘 듣고, 큰 소리로 따라 말하세요. 🔊

I		will		wait		here			I will wait here.
/아이/	+	/윌/	+	/웨잍/	+	/히얼/	=		나는 여기에서 기다릴 것이다.
나는		~할 것이다		기다리다		여기에서			

will은 '~할 것이다'라는 뜻으로, 미래에 할 일, 일어날 일이나 의지를 나타내는 말이에요.

A 문장을 잘 듣고, 두 번씩 따라 말하세요. 그리고 ai, ay가 쓰인 단어에 동그라미 하세요. 🔊

1 I will wait here.　　　나는 여기에서 기다릴 것이다.

2 I will stay here.　　　나는 여기에 머무를 것이다.

3 It will rain today.　　　오늘 비가 올 것이다.

B 우리말에 알맞게 영어 문장을 완성하세요.

1 오늘 비가 올 것이다.　　　It will ＿＿＿＿＿＿＿ today.

2 나는 여기에서 기다릴 것이다.　　I will ＿＿＿＿＿＿＿ here.

3 나는 여기에 머무를 것이다.　　I will ＿＿＿＿＿＿＿ here.

장모음 ea, ee, ey

소리 단어 안에서 ea, ee, ey는 e의 알파벳 이름처럼 /이-/ 소리가 나요.

★ 알파벳의 소리와 단어를 잘 듣고, 큰 소리로 따라 말하세요. 🔊

1

e + a = **ea** /이-/

s + ea /ㅆ+이-/

sea /씨-/ 바다

t + ea /ㅌ+이-/

tea /티-/ (마시는) 차

2

e + e = **ee** /이-/

d + ee + p /ㄷ+이-+ㅍ/

deep /디-ㅍ/ 깊은

gr + ee + n /그뤄+이-+ㄴ/

green /그뤼-ㄴ/ 녹색의

3

e + y = **ey** /이-/

k + ey /ㅋ+이-/

key /키-/ 열쇠

mon + k + ey /멍+ㅋ+이-/

monkey /멍키-/ 원숭이

 A 단어를 잘 듣고, 알맞은 것을 고르세요. 🔊

1
① deap
② deep

2
① kee
② key

3
① sea
② sey

4
① monkee
② monkey

5
① greyn
② green

6
① tea
② tee

B 단어를 잘 듣고, 알맞은 알파벳을 〈보기〉에서 찾아 쓰세요. 🔊

보기

ea   ee   ey

1 gr __ n

2 monk __

3 d __ p

4 t __

5 k __

6 s __

A 단어를 차례대로 소리 내어 읽고, 우리말에 알맞은 단어에 동그라미 하세요.

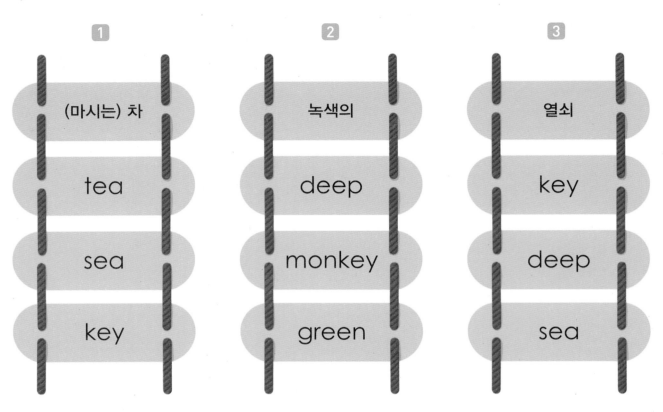

1	2	3
(마시는) 차	녹색의	열쇠
tea	deep	key
sea	monkey	deep
key	green	sea

B 그림에 알맞은 단어의 알파벳을 순서대로 쓰세요.

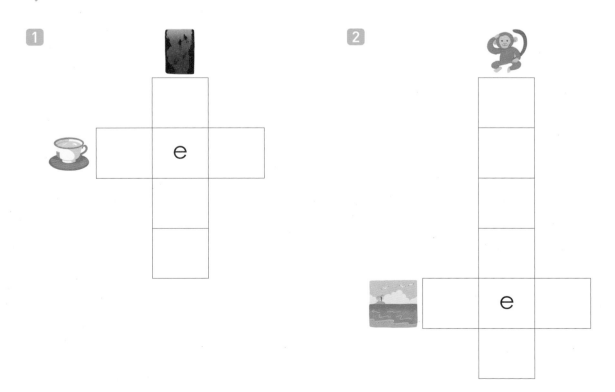

1

2

오늘 공부할 문장 **It is the deep sea.**

문장을 잘 듣고, 큰 소리로 따라 말하세요. 🔊

It is	the	deep	sea	=	It is the deep sea.
/잍 이즈/ +	/더/ +	/디-ㅍ/ +	/씨-/		그것은 깊은 바다이다.
그것은 ~이다		깊은	바다		

deep(깊은), green(녹색의), cute(귀여운)는 뒤에 오는 단어를 꾸며 주는 역할을 해요.
예 deep sea(깊은 바다), green tea(녹차), cute monkey(귀여운 원숭이)

A 문장을 잘 듣고, 두 번씩 따라 말하세요. 그리고 ea, ee, ey가 쓰인 단어에 동그라미 하세요. 🔊

1 It is the deep sea.   그것은 깊은 바다이다.

2 It is green tea.   그것은 녹차이다.

3 It is a cute monkey.   그것은 귀여운 원숭이이다.

B 우리말에 알맞게 영어 문장을 완성하세요.

1 그것은 귀여운 원숭이이다.   It is a cute _____.

2 그것은 깊은 바다이다.   It is the deep _____.

3 그것은 녹차이다.   It is _____ tea.

장모음 ie, igh, y

소리 단어 안에서 ie, igh는 i의 알파벳 이름처럼 /아이/ 소리가 나요.
y가 단어 끝에 오면 i의 알파벳 이름처럼 /아이/ 소리가 나는 경우가 있어요.

★ 알파벳의 소리와 단어를 잘 듣고, 큰 소리로 따라 말하세요. 🔊

1 i + e = **ie** /아이/

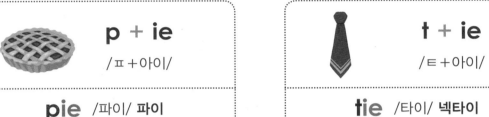

p + ie
/ㅍ+아이/

pie /파이/ 파이

t + ie
/ㅌ+아이/

tie /타이/ 넥타이

2 i + g + h = **igh** /아이/

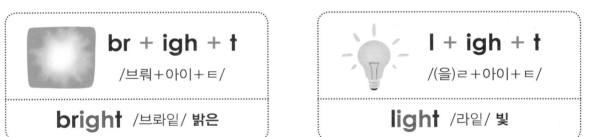

br + igh + t
/브뤄+아이+ㅌ/

bright /브롸잍/ 밝은

l + igh + t
/(을)ㄹ+아이+ㅌ/

light /라잍/ 빛

3 **y** /아이/

cr + y
/크뤄+아이/

cry /크롸이/ 울다

sk + y
/ㅅㅋ+아이/

sky /스카이/ 하늘

 A 단어를 잘 듣고, 알맞은 것을 고르세요. 🔊

1
① sky
② skie

2
① light
② lyt

3
① crigh
② cry

4
① ty
② tie

5
① pie
② pigh

6
① briet
② bright

B 단어를 잘 듣고, 알맞은 알파벳을 〈보기〉에서 찾아 쓰세요. 🔊

보기

> y   ie   igh

1 cr＿＿＿

2  p＿＿＿

3 l＿＿＿t

4 sk＿＿＿

5 br＿＿＿t

6 ＿＿＿t

단어를 큰 소리로 두 번씩 읽고, 알맞은 그림에 연결하세요.

1 pie   ·

2 bright   ·

3 sky   ·

 우리말에 알맞게 알파벳을 재배열하여 두 번씩 다시 쓰세요.

1 넥타이   t e i   →

2 울다   y r c   →

3 빛   g l h t i   →

I don't like pie.

문장을 잘 듣고, 큰 소리로 따라 말하세요. 🔊

I	don't like	pie		I don't like pie.
/아이/ **+**	/돈 라익/ **+**	/파이/ **=**		나는 파이를 좋아하지 않는다.
나는	좋아하지 않는다	파이를		

don't like은 '좋아하지 않는다'라는 뜻으로, 무언가를 좋아하지 않을 때 사용해요.

A 문장을 잘 듣고, 두 번씩 따라 말하세요. 그리고 ie, igh가 쓰인 단어에 동그라미 하세요. 🔊

1 I don't like pie.   나는 파이를 좋아하지 않는다.

2 I don't like bright light.   나는 밝은 빛을 좋아하지 않는다.

3 I don't like the tie.   나는 그 넥타이를 좋아하지 않는다.

B 우리말에 알맞게 영어 문장을 완성하세요.

1 나는 그 넥타이를 좋아하지 않는다.   I don't like the _____.

2 나는 파이를 좋아하지 않는다.   I don't like _____.

3 나는 밝은 빛을 좋아하지 않는다.   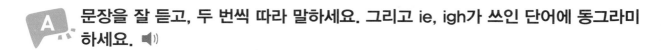I don't like bright _____.

DAY 2 7

장모음 oa, ow

소리 단어 안에서 oa, ow는 o의 알파벳 이름처럼 /오우/ 소리가 나요.

★ 알파벳의 소리와 단어를 잘 듣고, 큰 소리로 따라 말하세요. 🔊

1 **o** + **a** = **oa** /오우/

b + oa + t
/ㅂ+오우+ㅌ/
boat /보우트/ 보트

c + oa + t
/ㅋ+오우+ㅌ/
coat /코우트/ **코트**

s + oa + p
/ㅆ+오우+ㅍ/
soap /쏘우ㅍ/ 비누

2 **o** + **w** = **ow** /오우/

b + ow + l
/ㅂ+오우+ㄹ/
bowl /보울/ 그릇

cr + ow
/크뤄+오우/
crow /크로우/ 까마귀

sl + ow
/슬ㄹ+오우/
slow /슬로우/ 느린

 A 단어를 잘 듣고, 알맞은 것을 고르세요. 🔊

1
① crow
② croa

2
① sowp
② soap

3
① boat
② bowt

4
① sloa
② slow

5
① boal
② bowl

6
① coat
② cowt

B 단어를 잘 듣고, 알맞은 알파벳을 〈보기〉에서 찾아 쓰세요. 🔊

보기

ow   oa

1   s _ _ p

2   b _ _ l

3   c _ _ t

4   cr _ _

5   sl _ _

6    b _ _ t

그림에 알맞은 단어에 빠진 알파벳과 연결하고, 큰 소리로 두 번씩 읽으세요.

1   b __ l •   • oa

2   sl __ •

3   s __ p •   • ow

 우리말에 알맞은 단어를 풍선에서 찾아 쓰세요.

1 코트 _____

2 보트 _____

3 까마귀 _____

coat bowt croa

boat cowt crow

오늘 공부할 문장 **Where is the boat?**

문장을 잘 듣고, 큰 소리로 따라 말하세요. 🔊

Where	+	is	+	the boat	=	Where is the boat?
/웨얼/		/이즈/		/더 보우트/		그 보트는 어디에 있나요?
어디에		~있나요?		그 보트는		

'Where is ~?'는 '~는 어디에 있나요?'라는 뜻으로, 무언가가 어디에 있는지 물어볼 때 사용해요.

A 문장을 잘 듣고, 두 번씩 따라 말하세요. 그리고 oa, ow가 쓰인 단어에 동그라미 하세요. 🔊

1 Where is the boat?　　그 보트는 어디에 있나요?

2 Where is the soap?　　그 비누는 어디에 있나요?

3 Where is the crow?　　그 까마귀는 어디에 있나요?

B 우리말에 알맞게 영어 문장을 완성하세요.

1 그 까마귀는 어디에 있나요?　　Where is the _____?

2 그 보트는 어디에 있나요?　　Where is the _____?

3 그 비누는 어디에 있나요?　　Where is the _____?

DAY 28 장모음 ue, ui

소리 단어 안에서 ue, ui는 /우-/ 소리가 나요.

★ 알파벳의 소리와 단어를 잘 듣고, 큰 소리로 따라 말하세요.

1 **u** + **e** = **ue** /우-/

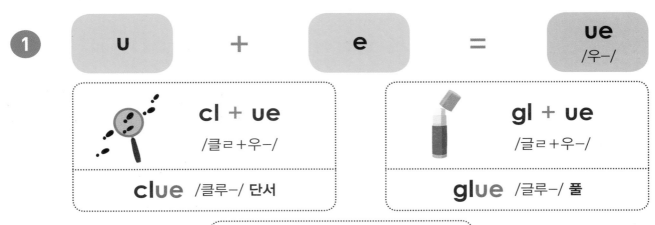

cl + ue
/클ㄹ+우-/

clue /클루-/ 단서

gl + ue
/글ㄹ+우-/

glue /글루-/ 풀

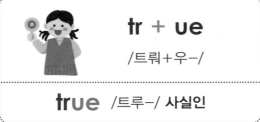

tr + ue
/트뤄+우-/

true /트루-/ 사실인

2 **u** + **i** = **ui** /우-/

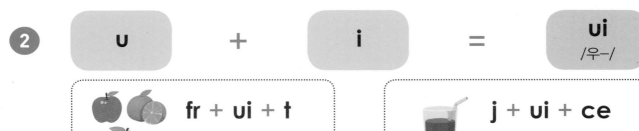

fr + ui + t
/f프뤄+우-+ㅌ/

fruit /f프루-ㅌ/ 과일

j + ui + ce
/쥐+우-+ㅆ/

juice /주-ㅆ/ 주스

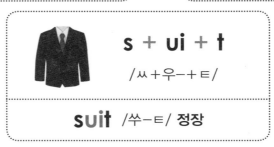

s + ui + t
/ㅆ+우-+ㅌ/

suit /쑤-ㅌ/ 정장

 A 단어를 잘 듣고, 알맞은 것을 고르세요. 🔊

1
① trui
② true

2
① fruit
② fruet

3
① juice
② juece

4
① glui
② glue

5
① suet
② suit

6
① clui
② clue

B 단어를 잘 듣고, 알맞은 알파벳을 〈보기〉에서 찾아 쓰세요. 🔊

보기

ue　ui

1 s　t

2 gl

3 fr　t

4 tr

5 cl

6 j　ce

그림에 알맞은 단어를 연결하고, 큰 소리로 두 번씩 읽으세요.

1  •   • juice

2   •   • clue

3   •   • fruit

 우리말에 알맞게 알파벳을 바르게 고쳐 두 번씩 다시 쓰세요.

1 사실인 trui →

2 정장 suet →

3 풀 glui →

오늘 공부할 문장 I need a glue stick.

문장을 잘 듣고, 큰 소리로 따라 말하세요. 🔊

| I | | need | | a glue stick | | = | I need a glue stick. |

I /아이/ + need /니드/ + a glue stick /어 글루- 스틱/ = I need a glue stick.
나는   필요하다   풀을   나는 풀이 필요하다.

need는 '필요하다'라는 뜻으로, 무언가가 필요할 때 사용해요.

A 문장을 잘 듣고, 두 번씩 따라 말하세요. 그리고 ue, ui가 쓰인 단어에 동그라미 하세요. 🔊

1 I need a glue stick.   나는 풀이 필요하다.

2 I need a black suit.   나는 검은 정장이 필요하다.

3 I need a clue.   나는 단서가 필요하다.

B 우리말에 알맞게 영어 문장을 완성하세요.

1 나는 단서가 필요하다.   I need a _____.

2 나는 검은 정장이 필요하다. I need a black _____.

3 나는 풀이 필요하다.   I need a _____ stick.

발음 듣기

A 단어를 잘 듣고, 알맞은 것을 고르세요.

1
① cry
② crow

2
① true
② tie

3
① soap
② suit

4
① tail
② tea

5
① slow
② sky

6
① boat
② bright

B 단어를 잘 듣고, 빈칸에 들어갈 알파벳을 연결하세요.

1 p_____ · · ue

2 b_____l · · ie

3 tod_____ · · ay

4 cl_____ · · ow

C. 그림에 알맞은 알파벳을 〈보기〉에서 찾아 쓰세요.

ow　ui　igh　ai　oa　ue

1 s　p

2  l　t

3 fr　t

4 cr

5 w　t

6 gl

D. 우리말에 알맞게 단어를 〈보기〉에서 찾아 영어 문장을 완성하세요.

보기

boat　tie　suit　stay

1 나는 여기에 머무를 것이다.　　I will _____ here.

2 나는 그 넥타이를 좋아하지 않는다.　I don't like the _____ .

3 그 보트는 어디에 있나요?　　Where is the _____ ?

4 나는 검은 정장이 필요하다.　　I need a black _____ .

이중모음 oi, oy

발음 듣기

공부한 날
월   일

소리 이중모음 oi와 oy는 /오이/ 소리가 나요.

★ 알파벳의 소리와 단어를 잘 듣고, 큰 소리로 따라 말하세요. 🔊

1

| o /오/ | + | i /이/ | = | oi /오이/ |

b + oi + l
/ㅂ+오이+ㄹ/

boil /보일/ 끓다

c + oi + n
/ㅋ+오이+ㄴ/

coin /코인/ 동전

oi + l
/오이+ㄹ/

oil /오일/ 기름

2

| o /오/ | + | y /이/ | = | oy /오이/ |

b + oy
/ㅂ+오이/

boy /보이/ 소년

j + oy
/쥐+오이/

joy /조이/ 기쁨

t + oy
/ㅌ+오이/

toy /토이/ 장난감

 단어를 잘 듣고, 알맞은 것을 고르세요. 🔊

1
① toi
② toy

2
① boil
② boyl

3
① oil
② oyl

4
① joy
② joi

5
① coyn
② coin

6
① boi
② boy

B 단어를 잘 듣고, 알맞은 알파벳을 〈보기〉에서 찾아 쓰세요. 🔊

보기

oi   oy

1
b ____ l

2
c ____ n

3
t ____

4
b ____

5
____ l

6
j ____

그림에 알맞은 단어를 연결하고, 큰 소리로 두 번씩 읽으세요.

1 · · coin

2  · · boil

3 · · joy

 우리말에 알맞게 알파벳을 바르게 고쳐 두 번씩 다시 쓰세요.

1 기름   oyl

2 장난감   foy →

3 소년   buy →

오늘 공부할 문장   I see the coin.

문장을 잘 듣고, 큰 소리로 따라 말하세요. 🔊

| I
/아이/
나는 | + | see
/씨-/
보다 | + | the coin
/더 코인/
그 동전을 | = | I see the coin.
나는 그 동전을 본다. |

see는 '보다'라는 뜻으로, 의도적으로 볼려고 한 것은 아니지만 눈에 보였을 때 사용해요.

A 문장을 잘 듣고, 두 번씩 따라 말하세요. 그리고 oi, oy가 쓰인 단어에 동그라미 하세요. 🔊

1 I see the coin.   나는 그 동전을 본다.

2 I see the boy.   나는 그 소년을 본다.

3 I see the toy.   나는 그 장난감을 본다.

B 우리말에 알맞게 영어 문장을 완성하세요.

1 나는 그 장난감을 본다.   I see the _____.

2 나는 그 소년을 본다.   I see the _____.

3 나는 그 동전을 본다.   I see the _____.

이중모음 au, aw

소리 이중모음 au와 aw는 /어–/ 소리가 나요.

★ 알파벳의 소리와 단어를 잘 듣고, 큰 소리로 따라 말하세요. 🔊

1 | **a** | **+** | **u** | **=** | **au** /어–/

Au + gust
/어–+거스트/

August /어–거스트/ 8월

au + tumn
/어–+텀/

autumn /어–텀/ 가을

s + au + ce
/ㅆ+어–+ㅆ/

sauce /써–ㅆ/ 소스

2 | **a** | **+** | **w** | **=** | **aw** /어–/

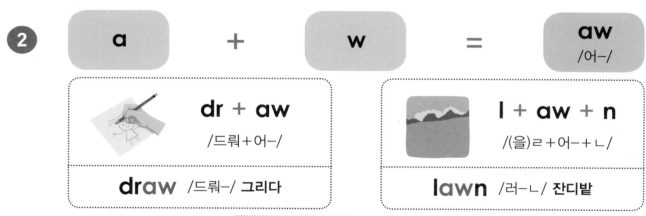

dr + aw
/드뤄+어–/

draw /드뤄–/ 그리다

l + aw + n
/(을)ㄹ+어–+ㄴ/

lawn /러–ㄴ/ 잔디밭

y + aw + n
/여+어–+ㄴ/

yawn /여–ㄴ/ 하품하다

 단어를 잘 듣고, 알맞은 것을 고르세요. 🔊

1
① drau
② draw

2
① autumn
② awtumn

3
① Awgust
② August

4
① yaun
② yawn

5
① sauce
② sawce

6
① lawn
② laun

B 단어를 잘 듣고, 알맞은 알파벳을 〈보기〉에서 찾아 쓰세요. 🔊

보기

au   aw   Au

1 ___gust

2 l___n

3 dr___

4 y___n

5 s___ce

6 ___tumn

Words | 단어 읽고 쓰기

A 그림에 알맞은 알파벳을 연결하고, 큰 소리로 두 번씩 읽으세요.

1 •   • au •   • ce

2 •   • sau •   • awn

3  •   • l •   • tumn

B 우리말에 알맞게 빠진 알파벳에 동그라미 하고, 단어를 다시 쓰세요.

1   8월   A__gust   ⬭ o   u   e ⬭ → _____

2   하품하다   ya__n   ⬭ u   o   w ⬭ → _____

3   그리다   dr__w   ⬭ a   e   u ⬭ → _____

오늘 공부할 문장 He is drawing.

문장을 잘 듣고, 큰 소리로 따라 말하세요. ◀))

He	+	is drawing	=	He is drawing.
/히/		/이즈 드뤄–잉/		그는 그리는 중이다.
그는		그리는 중이다		

'is -ing'는 '~을 하는 중이다'라는 뜻으로, 현재 일어나고 있는 일을 말할 때 사용해요.

A 문장을 잘 듣고, 두 번씩 따라 말하세요. 그리고 aw가 쓰인 단어에 동그라미 하세요. ◀))

1 He is drawing.   그는 그리는 중이다.

2 He is yawning.   그는 하품하는 중이다.

3 He is sleeping on the lawn.   그는 잔디밭에서 자는 중이다.

B 우리말에 알맞게 영어 문장을 완성하세요.

1 그는 하품하는 중이다.   He is _____.

2 그는 잔디밭에서 자는 중이다. He is sleeping on the _____.

3 그는 그리는 중이다.   He is _____.

이중모음 oo

발음 듣기

공부한 날
월 일

소리 이중모음 oo는 짧게 /우/ 또는 길게 /우-/ 소리가 나요.

★ 알파벳의 소리와 단어를 잘 듣고, 큰 소리로 따라 말하세요. 🔊

1 o + o = **oo** /우/

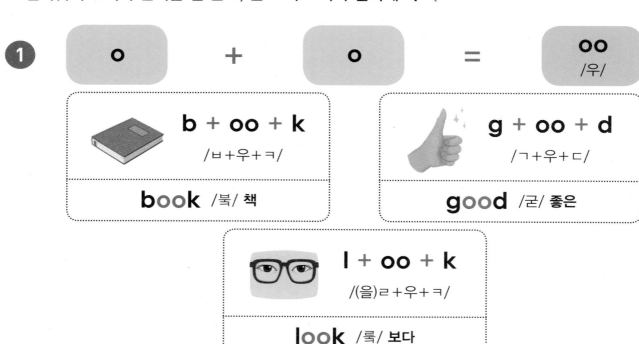

b + oo + k
/ㅂ+우+ㅋ/
book /북/ 책

g + oo + d
/ㄱ+우+ㄷ/
good /굳/ 좋은

l + oo + k
/(을)ㄹ+우+ㅋ/
look /룩/ 보다

2 o + o = **oo** /우-/

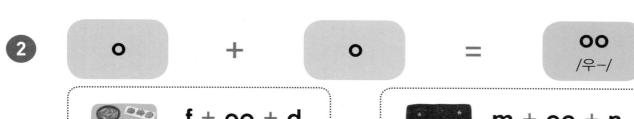

f + oo + d
/fㅍ+우-+ㄷ/
food /f푸-ㄷ/ 음식

m + oo + n
/ㅁ+우-+ㄴ/
moon /무-ㄴ/ 달

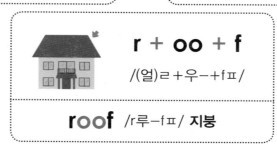

r + oo + f
/(얼)ㄹ+우-+fㅍ/
roof /r루-fㅍ/ 지붕

　단어를 잘 듣고, 알맞은 알파벳에 동그라미 하세요. 🔊

1 　$\begin{array}{c}\text{l}\\\text{g}\end{array}$ + ood

2 　roo + $\begin{array}{c}\text{f}\\\text{d}\end{array}$

3 　$\begin{array}{c}\text{l}\\\text{f}\end{array}$ + ook

4 　boo + $\begin{array}{c}\text{k}\\\text{d}\end{array}$

5 　$\begin{array}{c}\text{f}\\\text{p}\end{array}$ + ood

6 　moo + $\begin{array}{c}\text{b}\\\text{n}\end{array}$

B　단어를 잘 듣고, 알맞은 알파벳을 〈보기〉에서 찾아 쓰세요. 🔊

보기

m　r　f　d　k　b

1 　loo

2 　oon

3 　ook

4 　ood

5 　goo

6 　oof

Words 단어 읽고 쓰기

 A 단어를 차례대로 소리 내어 읽고, 우리말에 알맞은 단어에 동그라미 하세요.

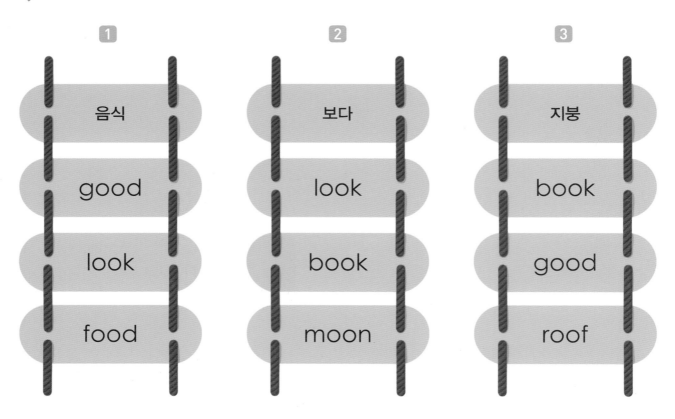

1	2	3
음식	보다	지붕
good	look	book
look	book	good
food	moon	roof

 B 그림에 알맞은 단어의 알파벳을 순서대로 쓰세요.

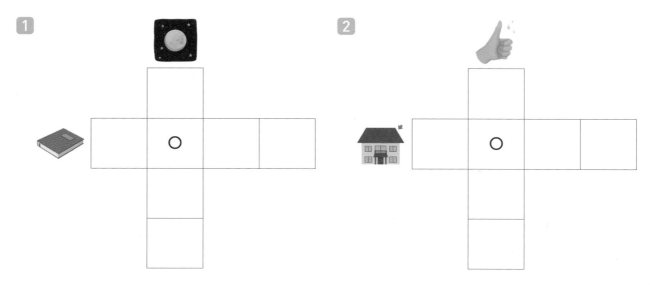

오늘 공부할 문장 **Look at the book.**

문장을 잘 듣고, 큰 소리로 따라 말하세요. 🔊

| Look at
/룩 엩/
～을 (눈을 돌려) 쳐다보다 | + | the book
/더 북/
그 책을 | = | Look at the book.
그 책을 보세요. |

look과 같이 동작을 표현하는 단어가 문장 맨 앞에 오면 '～해라' 또는 '～하세요'와 같이 상대방에게 어떤 행동을 시키는 것을 나타내요.

A 문장을 잘 듣고, 두 번씩 따라 말하세요. 그리고 oo가 쓰인 단어에 동그라미 하세요. 🔊

1 Look at the book. 그 책을 보세요.

2 Look at the moon. 그 달을 보세요.

3 Look at the roof. 그 지붕을 보세요.

B 우리말에 알맞게 영어 문장을 완성하세요.

1 그 지붕을 보세요. ＿＿＿＿＿＿ at the roof.

2 그 책을 보세요. Look at the ＿＿＿＿＿.

3 그 달을 보세요. Look at the ＿＿＿＿＿.

이중모음 OU, OW

소리 이중모음 ou와 ow는 /아우/ 소리가 나요.

★ 알파벳의 소리와 단어를 잘 듣고, 큰 소리로 따라 말하세요. 🔊

1 **o** + **u** = **ou** /아우/

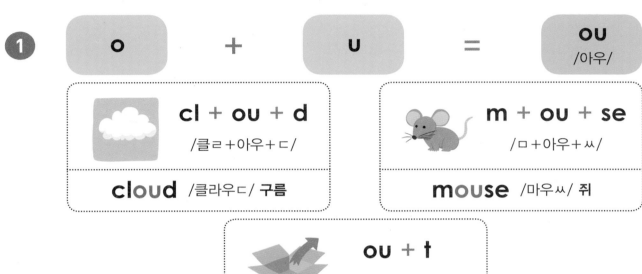

cl + ou + d
/클ㄹ+아우+ㄷ/

cloud /클라우드/ **구름**

m + ou + se
/ㅁ+아우+ㅆ/

mouse /마우ㅆ/ **쥐**

ou + t
/아우+ㅌ/

out /아웉/ **밖에**

2 **o** + **w** = **ow** /아우/

br + ow + n
/브뤄+아우+ㄴ/

brown /브롸운/ **갈색의**

c + ow
/ㅋ+아우/

cow /카우/ **암소**

cr + ow + n
/크뤄+아우+ㄴ/

crown /크롸운/ **왕관**

 Sounds 소리 구별하기

A 단어를 잘 듣고, 알맞은 것을 고르세요. ◀))

1
① cou
② cow

2
① owt
② out

3
① cloud
② clowd

4
① mowse
② mouse

5
① croun
② crown

6
① brown
② broun

B 단어를 잘 듣고, 알맞은 알파벳을 〈보기〉에서 찾아 쓰세요. ◀))

보기

ow   ou

1  ___ t

2   cl ___ d

3   br ___ n

4  c ___

5   m ___ se

6   cr ___ n

단어를 큰 소리로 두 번씩 읽고, 알맞은 그림에 연결하세요.

1 brown ·

·

2 out ·

·

3 mouse ·

·

B 우리말에 알맞게 알파벳을 재배열하여 두 번씩 다시 쓰세요.

1 구름   c l u d o → _____ _____

2 왕관   r c o w n → _____ _____

3 암소   o w c → _____ _____

오늘 공부할 문장 **She saw the cow.**

문장을 잘 듣고, 큰 소리로 따라 말하세요. 🔊

She /쉬/ 그녀는	+	saw /써/ 봤다	+	the cow /더 카우/ 그 암소를	=	She saw the cow. 그녀는 그 암소를 봤다.

saw는 '봤다'라는 뜻으로, 'see(보다)'의 과거를 나타내는 단어예요.

A 문장을 잘 듣고, 두 번씩 따라 말하세요. 그리고 ou, ow가 쓰인 단어에 동그라미 하세요. 🔊

1 She saw the cow.   그녀는 그 암소를 봤다.

2 She saw the mouse.   그녀는 그 쥐를 봤다.

3 She saw the cloud.   그녀는 그 구름을 봤다.

B 우리말에 알맞게 영어 문장을 완성하세요.

1 그녀는 그 구름을 봤다.   She saw the _____.

2 그녀는 그 암소를 봤다.   She saw the _____.

3 그녀는 그 쥐를 봤다.   She saw the _____.

R 통제모음 ar, or

소리 R 통제모음은 모음 뒤에 오는 자음 r로 인해 모음이 원래 소리와 다르게 소리가 나는 것을 말해요. R 통제모음인 ar은 **/알/** 소리가 나고, or은 **/올/** 소리가 나요.

★ 알파벳의 소리와 단어를 잘 듣고, 큰 소리로 따라 말하세요. 🔊

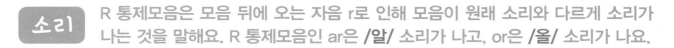

1   a   +   r   =   **ar** /알/

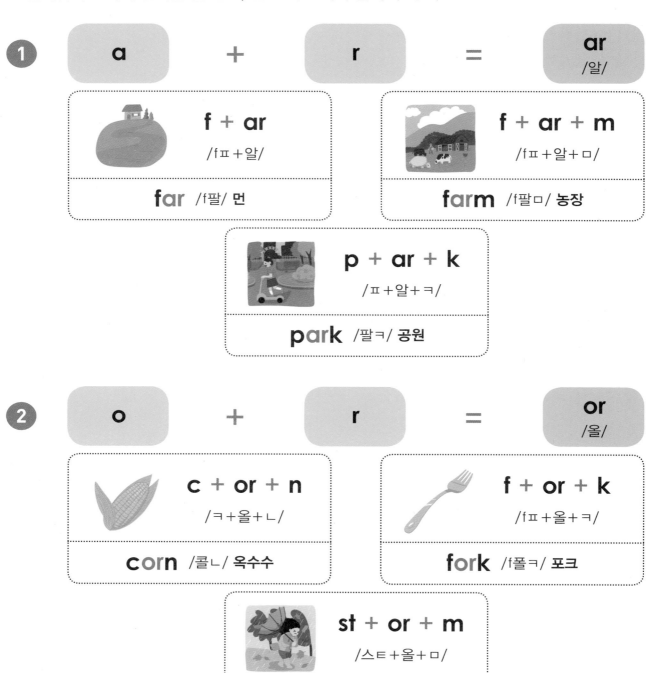

f + ar
/fㅍ+알/

far /f팔/ 먼

f + ar + m
/fㅍ+알+ㅁ/

farm /f팔ㅁ/ 농장

p + ar + k
/ㅍ+알+ㅋ/

park /팔ㅋ/ 공원

2   o   +   r   =   **or** /올/

c + or + n
/ㅋ+올+ㄴ/

corn /콜ㄴ/ 옥수수

f + or + k
/fㅍ+올+ㅋ/

fork /f폴ㅋ/ 포크

st + or + m
/스ㅌ+올+ㅁ/

storm /스톨ㅁ/ 폭풍

 A. 단어를 잘 듣고, 알맞은 알파벳에 동그라미 하세요. 🔊

1 　p + ark / ork

2 　st + orm / arm

3 　f + or / ar

4 　f + ork / ark

5 　c + arn / orn

6 　f + orm / arm

 B. 단어를 잘 듣고, 알맞은 알파벳을 〈보기〉에서 찾아 쓰세요. 🔊

보기

ar　or

1 　c ＿ n

2 　f ＿ k

3 　f ＿ m

4 　p ＿ k

5 　f ＿

6 　st ＿ m

그림에 알맞은 알파벳을 연결하고, 큰 소리로 두 번씩 읽으세요.

1  p ·   · orm

2  st ·   · ark

3 f ·   · arm

 우리말에 알맞은 알파벳을 풍선에서 찾아 쓰세요.

1 먼

2 옥수수

3 포크

c   f   fo   orn   rk   ar

오늘 공부할 문장 The park is too far.

문장을 잘 듣고, 큰 소리로 따라 말하세요. 🔊

The park	+	is	+	too	+	far	=	The park is too far.
/더 팔크/		/이즈/		/투-/		/f팔/		그 공원은 너무 멀다.
그 공원은		~있다		너무		먼		

too는 '너무 ~한'이라는 뜻으로, 정도가 지나칠 때 사용해요.

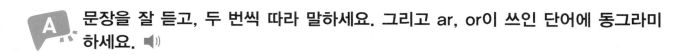

A 문장을 잘 듣고, 두 번씩 따라 말하세요. 그리고 ar, or이 쓰인 단어에 동그라미 하세요. 🔊

1 The park is too far.   그 공원은 너무 멀다.

2 The farm is too far.   그 농장은 너무 멀다.

3 The corn field is too far.   그 옥수수밭은 너무 멀다.

B 우리말에 알맞게 영어 문장을 완성하세요.

1 그 농장은 너무 멀다.   The farm is too _____.

2 그 옥수수밭은 너무 멀다.   The _____ field is too far.

3 그 공원은 너무 멀다.   The _____ is too far.

R 통제모음 er, ir, ur

소리 R 통제모음인 er, ir, ur은 **/얼/** 소리가 나요.

★ 알파벳의 소리와 단어를 잘 듣고, 큰 소리로 따라 말하세요.

1   e   **+**   r   **=**   **er**
/얼/

   sis + t + er
/씨ㅅ+ㅌ+얼/

sister /씨ㅅ털/ 언니, 누나, 여동생

   wa + t + er
/워+ㅌ+얼/

water /워털/ 물

2   i   **+**   r   **=**   **ir**
/얼/

   b + ir + d
/ㅂ+얼+ㄷ/

bird /벌ㄷ/ 새

   sk + ir + t
/ㅅㅋ+얼+ㅌ/

skirt /스컬트/ 치마

3   u   **+**   r   **=**   **ur**
/얼/

   **f + ur**
/fㅍ+얼/

fur /fㅍ털/ (동물의) 털

   p + ur + se
/ㅍ+얼+ㅆ/

purse /펄ㅆ/ 지갑

 단어를 잘 듣고, 알맞은 알파벳에 동그라미 하세요. ◀》

1   f +   ir
                           ur

2   sis +   ter
                            tir

3   p +   urse
                          irse

4   sk +   urt
                           irt

5   b +   ird
                          erd

6   wa +   tur
                           ter

 단어를 잘 듣고, 알맞은 알파벳을 〈보기〉에서 찾아 쓰세요. ◀》

보기

er   ir   ur

1   p___se

2   wat___

3   b___d

4   f___

5   sist___

6   sk___t

Words 단어 읽고 쓰기

 그림에 알맞은 단어를 연결하고, 큰 소리로 두 번씩 읽으세요.

1   ·   · water

2   ·   · skirt

3   ·   · purse

 우리말에 알맞게 알파벳을 바르게 고쳐 두 번씩 다시 쓰세요.

1 언니, 누나   sistur

2 털   fir

3 새   berd

오늘 공부할 문장 My sister got a new skirt.

문장을 잘 듣고, 큰 소리로 따라 말하세요. 🔊

My	+	sister	+	got	+	a new skirt	=	My sister got a new skirt.
/마이/		/씨스털/		/갇/		/어 뉴 스컬트/		나의 언니는 새 치마를 샀다.
나의		언니는		샀다		새 치마를		

got은 여러 가지 뜻이 있지만 위 문장에서는 '샀다'라는 뜻으로 쓰였는데, 'get(사다)'의 과거형을 나타내는 단어예요.

A 문장을 잘 듣고, 두 번씩 따라 말하세요. 그리고 er, ir, ur이 쓰인 단어에 동그라미 하세요. 🔊

1 My sister got a new skirt. 나의 언니는 새 치마를 샀다.

2 My sister got a new purse. 나의 언니는 새 지갑을 샀다.

3 My sister got a new fur coat. 나의 언니는 새 털코트를 샀다.

B 우리말에 알맞게 영어 문장을 완성하세요.

1 나의 언니는 새 털코트를 샀다. My sister got a new _____ coat.

2 나의 언니는 새 치마를 샀다. My sister got a new _____.

3 나의 언니는 새 지갑을 샀다. My sister got a new _____.

Review Test (7) 이중모음/R 통제모음

발음 듣기

A 단어를 잘 듣고, 알맞은 것을 고르세요. 🔊

1
① boy
② boil

2
① mouse
② moon

3
① fork
② farm

4
① look
② lawn

5
① park
② purse

6
① fur
② far

B 단어를 잘 듣고, 빈칸에 들어갈 알파벳을 연결하세요. 🔊

1 　　st____m　　·　　　　·　ow

2 　　br____n　　·　　　　·　or

3 　　____t　　·　　　　·　au

4 　　____tumn　·　　　　·　ou

C 그림에 알맞은 알파벳을 〈보기〉에서 찾아 쓰세요.

보기

| aw | er | ou | or | oo | au |

1 l___k

2 dr___

3 cl___d

4 s___ce

5 sist___

6 c___n

D 우리말에 알맞게 단어를 〈보기〉에서 찾아 영어 문장을 완성하세요.

보기

mouse   toy   roof

1 그 지붕을 보세요. Look at the _____ .

2 그녀는 그 쥐를 봤다. She saw the _____ .

3 나는 그 장난감을 본다. I see the _____ .

여러분의 파닉스 실력을 확인해보는 Part 2. '학교 수행/진단평가' 대비는 다음과 같이 차근차근 준비하세요!

1. 자음과 모음이 다양하게 만나서 만들어지는 단어를 보고, 읽고 쓸 수 있어야 해요.
2. 단어를 듣고, 알맞은 단어를 고를 수 있어야 해요. 예를 들어, run(달리다)이라는 단어를 듣고, run이라고 쓰여진 단어를 찾을 수 있어야 해요.
3. 우리말 뜻에 알맞은 단어를 찾을 수 있어야 해요.
4. 앞에서 배운 문장을 읽고, 뜻을 이해할 수 있어야 해요.

사실, 이 책의 Part 1을 열심히 공부했다면 위의 내용을 모두 알고 있을 거예요. 아래 표를 통해 스스로 본인의 실력을 체크해보세요.

	Part 1에서 공부한 내용	자신 있어요!	조금 어려워요!	아직 모르겠어요!
1	단어를 보고 읽고 쓸 수 있어요.			
2	단어를 듣고, 알맞은 단어를 찾을 수 있어요.			
3	우리말 뜻에 알맞은 단어를 찾을 수 있어요.			
4	배운 문장을 읽고, 뜻을 알 수 있어요.			

· '자신 있어요!'에 체크했다면 Part 2의 Final Test 문제를 바로 풀어봐도 돼요!
· '조금 어려워요!', '아직 모르겠어요!'에 체크했다면 Part 1을 차근차근 다시 한 번 복습하고, Part2의 Final Test 문제를 풀어보도록 해요!

A. 단어를 잘 듣고, 빈칸에 알맞은 알파벳을 고르세요. 🔊

1  d_____ ① ag ② eg ③ ig

2 j____ce ① ui ② oo ③ ue

3 gr_____ ① ai ② ea ③ ay

4 b____ll ① a ② e ③ i

B. 단어를 잘 듣고, 알맞은 것을 고르세요. 🔊

1 ① bed ② jet ③ hem

2 ① rob ② jog ③ ox

3 ① cake ② game ③ mane

4 ① green ② tea ③ monkey

5 ① boat ② coat ③ slow

C. 우리말에 알맞은 단어를 〈보기〉에서 골라 쓰세요.

ice   hug   bat   gum   lip   cone

1 입술 _____

2 (아이스크림) 콘 _____

3 포옹 _____

4 (야구) 방망이 _____

5 얼음 _____

6 껌 _____

D. 우리말에 알맞은 영어 문장을 연결하세요.

1 그 까마귀는 어디에 있나요?   •   • I don't like bright light.

2 나는 밝은 빛을 좋아하지 않는다. •   • Where is the crow?

3 여우가 있다.   •   • It is the deep sea.

4 그것은 깊은 바다이다.   •   • I am hopping.

5 나는 깡충깡충 뛰고 있다.   •   • There is a fox.

수행/진단평가 대비

발음 듣기

A. 단어를 잘 듣고, 빈칸에 알맞은 알파벳을 고르세요. 🔊

1  ____ide   ① fl   ② sl   ③ pl

2  ____im   ① sm   ② sw   ③ sk

3   cli____   ① mb   ② kn   ③ ng

4   wat____   ① ar   ② er   ③ ir

B. 단어를 잘 듣고, 알맞은 것을 고르세요. 🔊

1 ① blue   ② flag   ③ gloves

2 ① skate   ② smile   ③ stone

3 ① lunch   ② teach   ③ dish

4 ① dolphin   ② cough   ③ bath

5 ① neck   ② long   ③ pink

우리말에 알맞은 단어를 〈보기〉에서 골라 쓰세요.

보기

bird	crown	pray	write	coin	August

1 왕관

2 새

3 8월

4 기도하다

5 동전

6 쓰다

D 우리말에 알맞은 영어 문장을 연결하세요.

1 열두 개의 별들이 있다. •

• My wrist hurts.

2 이것은 무엇인가요? •

• There are twelve stars.

3 나의 손목이 아프다. •

• I'm washing dishes.

4 나는 접시들을 닦는 중이다. •

• What is this?

5 그 책을 보세요. •

• Look at the book.

발음 듣기

 A. 단어를 잘 듣고, 빈칸에 알맞은 알파벳을 고르세요. ◀))

1   t____l   ① ay   ② ai   ③ ea

2  f____   ① am   ② ad   ③ an

3  ____ass   ① dr   ② fr   ③ gr

4 cl____d   ① ou   ② oi   ③ oo

 B. 단어를 잘 듣고, 알맞은 것을 고르세요. ◀))

1 ① purse   ② boat   ③ fur

2 ① wing   ② whale   ③ yawn

3 ① hum   ② thumb   ③ that

4 ① small   ② snail   ③ skirt

5 ① cake   ② mane   ③ bake

C. 우리말에 알맞은 단어를 〈보기〉에서 골라 쓰세요.

보기

hide	nap	what	storm	cry	moon

1 울다 _____

2 무엇 _____

3 숨다 _____

4 달 _____

5 낮잠 _____

6 폭풍 _____

D. 우리말에 알맞은 영어 문장을 연결하세요.

1 그 왕은 분홍색 모자를 가지고 있다. •   • I need a clue.

2 나는 단서가 필요하다. •   • This is a gem.

3 그 주사위를 굴리자. •   • The king has a pink hat.

4 이것은 보석이다. •   • Let's roll the dice.

5 그는 그리는 중이다. •   • He is drawing.

발음 듣기

A. 단어를 잘 듣고, 빈칸에 알맞은 알파벳을 고르세요. 🔊

1 b_____ ① ot   ② ox   ③ og

2 p_____k ① ar   ② ur   ③ er

3  f_____ ① it   ② ip   ③ in

4 h_____le ① a   ② o   ③ u

B. 단어를 잘 듣고, 알맞은 것을 고르세요. 🔊

1 ① ski   ② tea   ③ think

2 ① bike   ② ride   ③ drive

3 ① chair   ② sky   ③ write

4 ① rule   ② rose   ③ cute

5 ① swan   ② stone   ③ skate

C 우리말에 알맞은 단어를 〈보기〉에서 골라 쓰세요.

보기

lunch   sheep   laugh   knee   twin   corn

1 (소리 내어) 웃다 _____

2 무릎 _____

3 쌍둥이 _____

4 점심 식사 _____

5 옥수수 _____

6 양 _____

D 우리말에 알맞은 영어 문장을 연결하세요.

1 그것은 잼이다.   •   • I can hit the ball.

2 나는 그 공을 칠 수 있다.   •   • It is a jam.

3 나는 그 소년을 본다.   •   • She saw the mouse.

4 그 오리는 두 개의 날개들을 가지고 있다.   •   • The duck has two wings.

5 그녀는 그 쥐를 봤다.   •   • I see the boy.

공부하느라 힘드시죠?
으라차차^^ 소리 한번 지르세요.
언제나 여러분의 성공을 기원할게요. *^^*

— 공부책 잘 만드는 쏠티북스가 —

www.saltybooks.com

Never give up!

No pain, no gain!

현직 초등교사
영쌤과 함께 집에서
쉽게 재미있게 공부하자!

영쌤의 초등 파닉스

2권 패턴 익히기와 문장 읽기

정답 및 알파벳 카드

쏠티북스

정답
알파벳 카드

Day 01 단모음 a (1) 13쪽

Sounds 소리 구별하기

A. 단어를 잘 듣고, 알맞은 알파벳에 동그라미 하세요. 🔊

1 h + (am)/ad
2 s + ag/(ad)
3 b + (ag)/ad
4 b + am/(ad)
5 t + am/(ag)
6 j + ag/(am)

B. 단어를 잘 듣고, 알맞은 알파벳을 〈보기〉에서 찾아 쓰세요. 🔊

보기
ag   am   ad

1 tag
2 bad
3 sad
4 ham
5 jam
6 bag

Day 01 **13**

Day 01 단모음 a (1) 14쪽

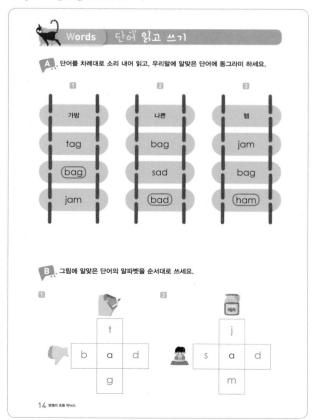

Words 단어 읽고 쓰기

A. 단어를 차례대로 소리 내어 읽고, 우리말에 알맞은 단어에 동그라미 하세요.

1 가방 / tag / (bag) / jam
2 나쁜 / bag / sad / (bad)
3 햄 / jam / bag / (ham)

B. 그림에 알맞은 단어의 알파벳을 순서대로 쓰세요.

1 t / b a d / g
2 j / s a d / m

14 영쌤의 초등 파닉스

Day 01 단모음 a (1) 15쪽

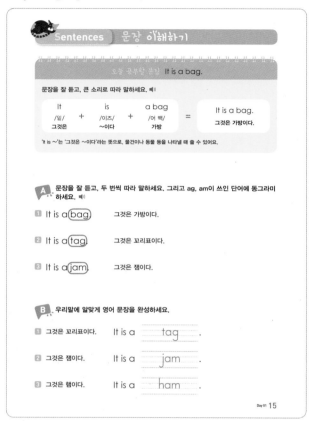

Sentences 문장 이해하기

오늘 공부할 문장 It is a bag.

문장을 잘 듣고, 큰 소리로 따라 말하세요. 🔊

It /잇/ 그것은 + is /이즈/ ~이다 + a bag /어 백/ 가방 = It is a bag. 그것은 가방이다.

'It is ~'는 '그것은 ~이다'라는 뜻으로, 물건이나 동물 등을 나타낼 때 쓸 수 있어요.

A. 문장을 잘 듣고, 두 번씩 따라 말하세요. 그리고 ag, am이 쓰인 단어에 동그라미 하세요. 🔊

1 It is a (bag). 그것은 가방이다.
2 It is a (tag). 그것은 꼬리표이다.
3 It is a (jam). 그것은 잼이다.

B. 우리말에 알맞게 영어 문장을 완성하세요.

1 그것은 꼬리표이다. It is a tag .
2 그것은 잼이다. It is a jam .
3 그것은 햄이다. It is a ham .

Day 01 **15**

Day 02 단모음 a (2) 17쪽

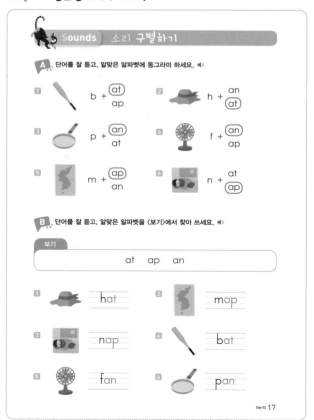

Sounds 소리 구별하기

A. 단어를 잘 듣고, 알맞은 알파벳에 동그라미 하세요. 🔊

1 b + (at)/ap
2 h + an/(at)
3 p + (an)/at
4 f + (an)/ap
5 m + (ap)/an
6 n + at/(ap)

B. 단어를 잘 듣고, 알맞은 알파벳을 〈보기〉에서 찾아 쓰세요. 🔊

보기
at   ap   an

1 hat
2 map
3 nap
4 bat
5 fan
6 pan

Day 02 **17**

Day 02 단모음 a (2) 18쪽

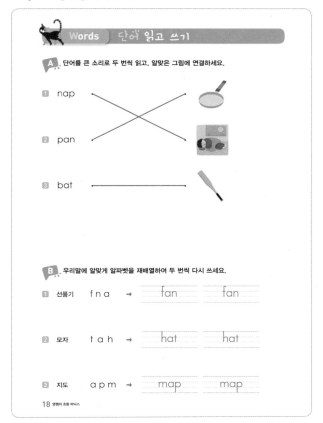

Day 03 단모음 e (1) 21쪽

Day 02 단모음 a (2) 19쪽

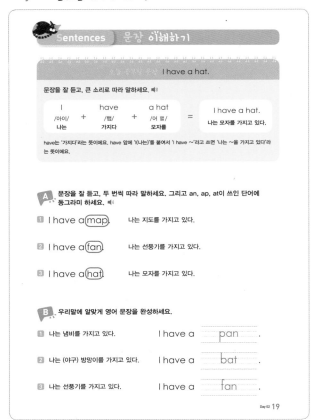

Day 03 단모음 e (1) 22쪽

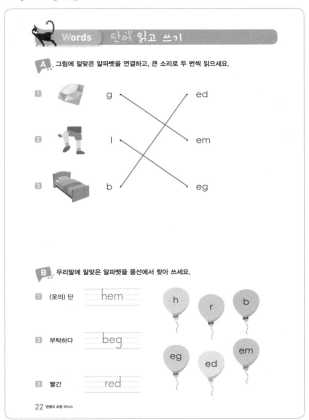

Day 03 단모음 e (1) 23쪽

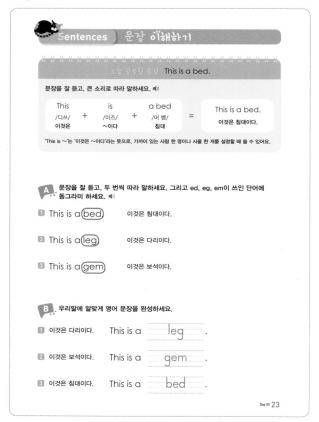

Day 04 단모음 e (2) 25쪽

Day 04 단모음 e (2) 26쪽

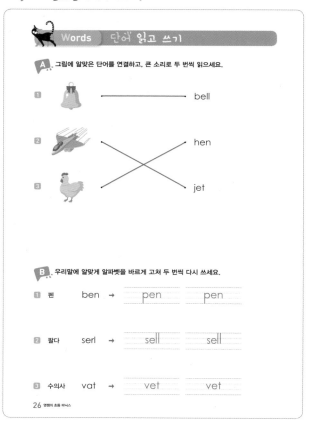

Day 04 단모음 e (2) 27쪽

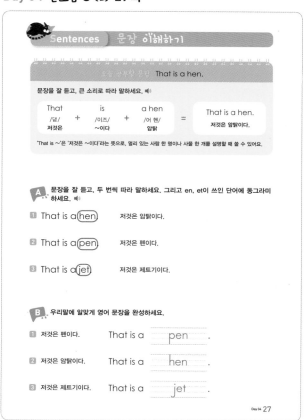

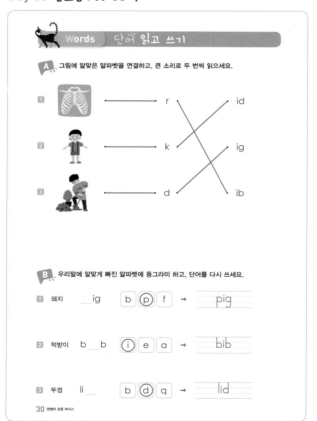

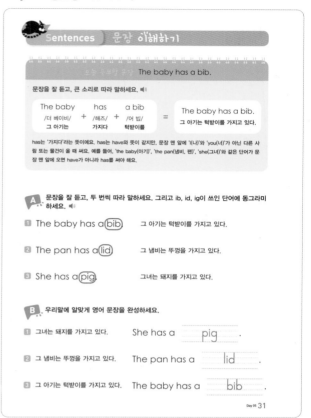

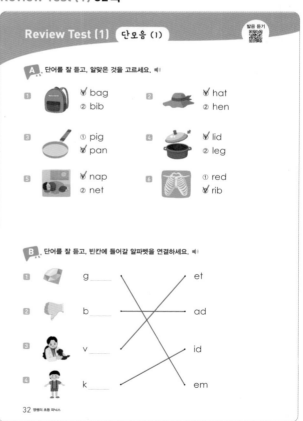

Review Test (1) 33쪽

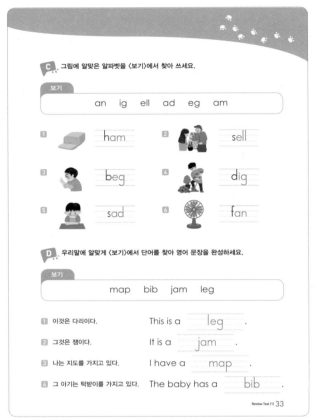

C 그림에 알맞은 알파벳을 〈보기〉에서 찾아 쓰세요.

보기
an   ig   ell   ad   eg   am

1 ham
2 sell
3 beg
4 dig
5 sad
6 fan

D 우리말에 알맞게 〈보기〉에서 단어를 찾아 영어 문장을 완성하세요.

보기
map   bib   jam   leg

1 이것은 다리이다.   This is a   leg .
2 그것은 잼이다.   It is a   jam .
3 나는 지도를 가지고 있다.   I have a   map .
4 그 아기는 턱받이를 가지고 있다.   The baby has a   bib .

Day 06 단모음 i (2) 35쪽

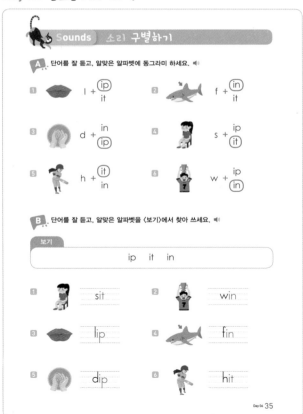

Sounds 소리 구별하기

A 단어를 잘 듣고, 알맞은 알파벳에 동그라미 하세요. 🔊

1 l + (ip) / it
2 f + (in) / it
3 d + in / (ip)
4 s + (ip) / (it)
5 h + (it) / in
6 w + ip / (in)

B 단어를 잘 듣고, 알맞은 알파벳을 〈보기〉에서 찾아 쓰세요. 🔊

보기
ip   it   in

1 sit
2 win
3 lip
4 fin
5 dip
6 hit

Day 06 단모음 i (2) 36쪽

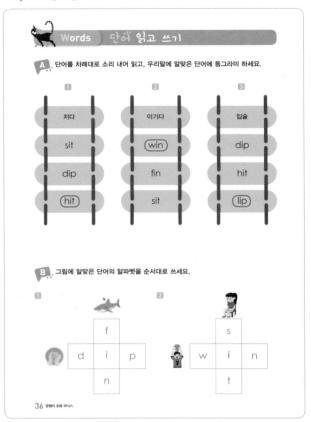

Words 단어 읽고 쓰기

A 단어를 차례대로 소리 내어 읽고, 우리말에 알맞은 단어에 동그라미 하세요.

1 치다	2 이기다	3 입술
sit	(win)	dip
dip	fin	hit
(hit)	sit	(lip)

B 그림에 알맞은 단어의 알파벳을 순서대로 쓰세요.

1
```
    f
d   i   p
    n
```

2
```
    s
w   i   n
    t
```

Day 06 단모음 i (2) 37쪽

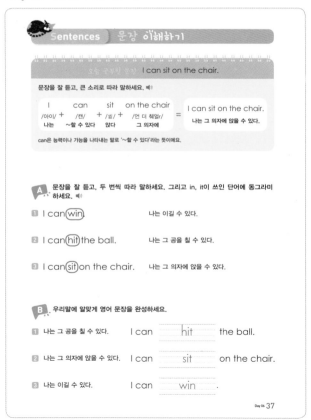

Sentences 문장 이해하기

I can sit on the chair.

문장을 잘 듣고, 큰 소리로 따라 말하세요. 🔊

| I /아이/ 나는 | + | can /캔/ ~할 수 있다 | + | sit /씯/ 앉다 | + | on the chair /언 더 체얼/ 그 의자에 | = | I can sit on the chair. 나는 그 의자에 앉을 수 있다. |

can은 능력이나 가능을 나타내는 말로 '~할 수 있다'라는 뜻이에요.

A 문장을 잘 듣고, 두 번씩 따라 말하세요. 그리고 in, it이 쓰인 단어에 동그라미 하세요. 🔊

1 I can (win).   나는 이길 수 있다.
2 I can (hit) the ball.   나는 그 공을 칠 수 있다.
3 I can (sit) on the chair.   나는 그 의자에 앉을 수 있다.

B 우리말에 알맞게 영어 문장을 완성하세요.

1 나는 그 공을 칠 수 있다.   I can   hit   the ball.
2 나는 그 의자에 앉을 수 있다.   I can   sit   on the chair.
3 나는 이길 수 있다.   I can   win .

Day 07 단모음 O (1) 39쪽

Day 07 단모음 O (1) 41쪽

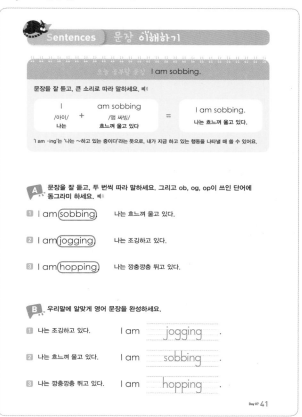

Day 07 단모음 O (1) 40쪽

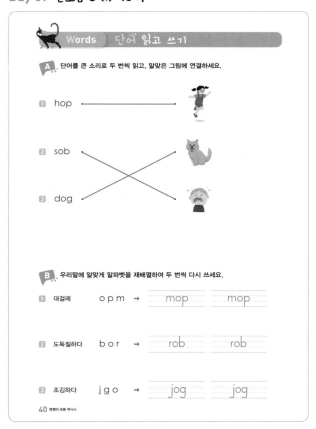

Day 08 단모음 O (2) 43쪽

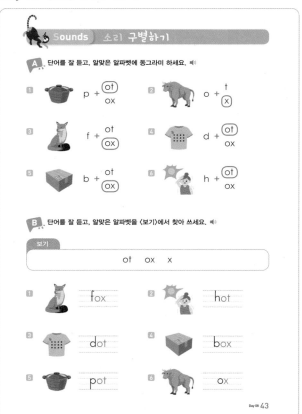

Day 08 단모음 O (2) 44쪽

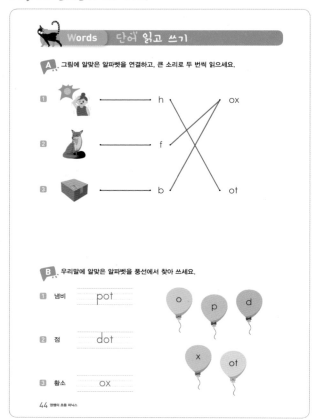

Words 단어 읽고 쓰기

A 그림에 알맞은 알파벳을 연결하고, 큰 소리로 두 번씩 읽으세요.

1 h — ox
2 f
3 b — ot

B 우리말에 알맞은 알파벳을 풍선에서 찾아 쓰세요.

1 냄비 pot
2 점 dot
3 황소 ox

풍선: o p d x ot

Day 08 단모음 O (2) 45쪽

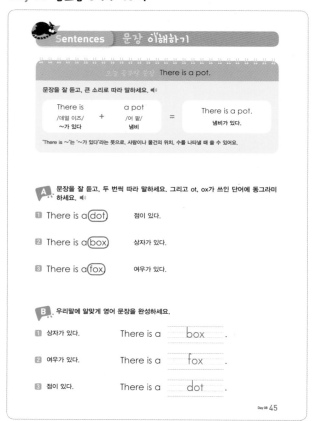

Sentences 문장 이해하기

오늘 공부할 문장 There is a pot.

문장을 잘 듣고, 큰 소리로 따라 말하세요.

There is	+	a pot	=	There is a pot.
/데얼 이즈/		/어 팟/		냄비가 있다.
~가 있다		냄비		

'There is ~'는 '~가 있다'라는 뜻으로, 사람이나 물건의 위치, 수를 나타낼 때 쓸 수 있어요.

A 문장을 잘 듣고, 두 번씩 따라 말하세요. 그리고 ot, ox가 쓰인 단어에 동그라미 하세요.

1 There is a (dot)   점이 있다.
2 There is a (box)   상자가 있다.
3 There is a (fox)   여우가 있다.

B 우리말에 알맞게 영어 문장을 완성하세요.

1 상자가 있다.   There is a ___box___ .
2 여우가 있다.   There is a ___fox___ .
3 점이 있다.   There is a ___dot___ .

Day 09 단모음 U (1) 47쪽

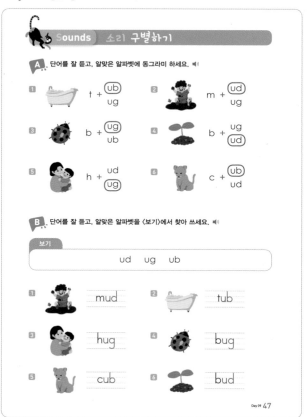

Sounds 소리 구별하기

A 단어를 잘 듣고, 알맞은 알파벳에 동그라미 하세요.

1 t + (ub) / ug
2 m + (ud) / ug
3 b + (ug) / ub
4 b + ug / (ud)
5 h + ud / (ug)
6 c + (ub) / ud

B 단어를 잘 듣고, 알맞은 알파벳을 〈보기〉에서 찾아 쓰세요.

보기   ud   ug   ub

1 mud
2 tub
3 hug
4 bug
5 cub
6 bud

Day 09 단모음 U (1) 48쪽

Words 단어 읽고 쓰기

A 그림에 알맞은 단어를 연결하고, 큰 소리로 두 번씩 읽으세요.

1 — bud
2 — cub
3 — bug

B 우리말에 알맞게 알파벳을 바르게 고쳐 두 번씩 다시 쓰세요.

1 포옹   hog → hug   hug
2 진흙   mub → mud   mud
3 욕조   fub → tub   tub

Day 09 단모음 U (1) 49쪽

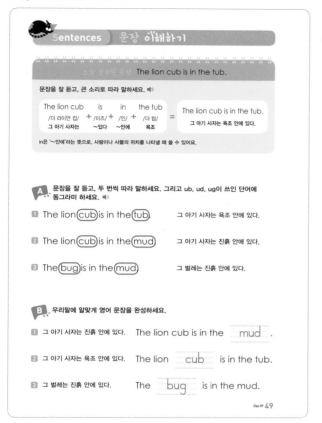

Day 10 단모음 U (2) 52쪽

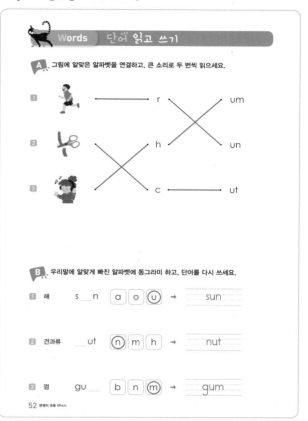

Day 10 단모음 U (2) 51쪽

Day 10 단모음 U (2) 53쪽

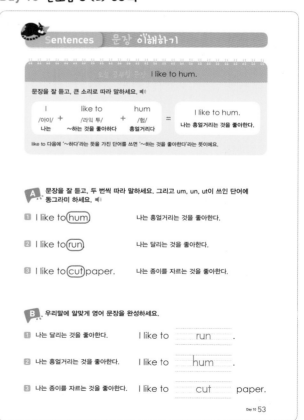

Review Test (2) 54쪽

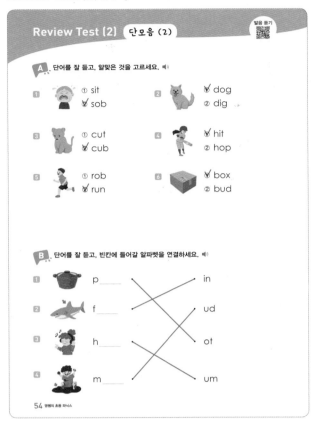

Review Test (2) 55쪽

Day 11 장모음 a 57쪽

Day 11 장모음 a 58쪽

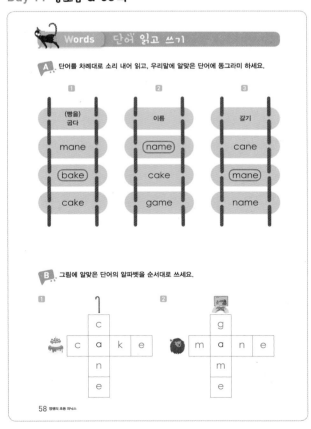

Day 11 장모음 a 59쪽

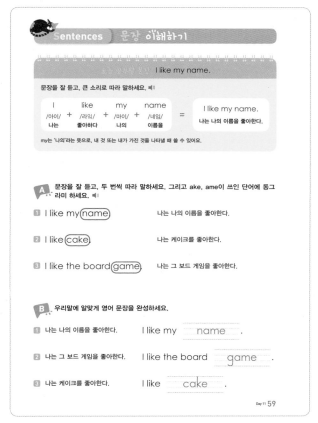

Sentences 문장 이해하기

I like my name.

문장을 잘 듣고, 큰 소리로 따라 말하세요. 🔊)

I	like	my	name
/아이/ +	/라익/ +	/마이/ +	/네임/ =
나는	좋아하다	나의	이름을

I like my name.
나는 나의 이름을 좋아한다.

my는 '나의'라는 뜻으로, 내 것 또는 내가 가진 것을 나타낼 때 쓸 수 있어요.

A 문장을 잘 듣고, 두 번씩 따라 말하세요. 그리고 ake, ame이 쓰인 단어에 동그라미 하세요. 🔊)

1 I like my (name)   나는 나의 이름을 좋아한다.

2 I like (cake)   나는 케이크를 좋아한다.

3 I like the board (game).   나는 그 보드 게임을 좋아한다.

B 우리말에 알맞게 영어 문장을 완성하세요.

1 나는 나의 이름을 좋아한다.   I like my __name__ .

2 나는 그 보드 게임을 좋아한다.   I like the board __game__ .

3 나는 케이크를 좋아한다.   I like __cake__ .

Day 11 59

Day 12 장모음 i 61쪽

Sounds 소리 구별하기

A 단어를 잘 듣고, 알맞은 알파벳에 동그라미 하세요. 🔊)

1 d + (ice) / ike   2 r + ice / (ide)

3 l + ide / (ike)   4 i + (ce) / ke

5 h + ice / (ide)   6 b + (ike) / ide

B 단어를 잘 듣고, 알맞은 알파벳을 〈보기〉에서 찾아 쓰세요. 🔊)

보기
ide   ice   ike

1 h__ide__   2 __ice__

3 b__ike__   4 d__ice__

5 r__ide__   6 l__ike__

Day 12 61

Day 12 장모음 i 62쪽

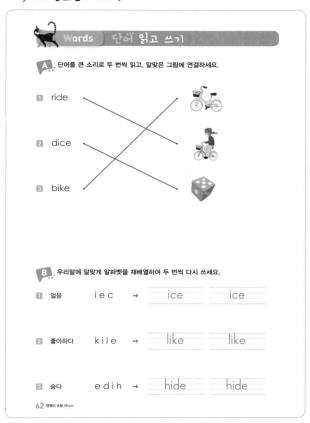

Words 단어 읽고 쓰기

A 단어를 큰 소리로 두 번씩 읽고, 알맞은 그림에 연결하세요.

1 ride

2 dice

3 bike

B 우리말에 알맞게 알파벳을 재배열하여 두 번씩 다시 쓰세요.

1 얼음   i e c → __ice__   __ice__

2 좋아하다   k i l e → __like__   __like__

3 숨다   e d i h → __hide__   __hide__

62 맹앤의 초등 파닉스

Day 12 장모음 i 63쪽

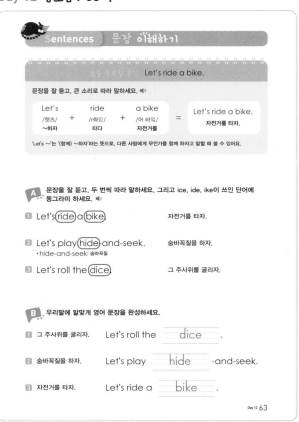

Sentences 문장 이해하기

Let's ride a bike.

문장을 잘 듣고, 큰 소리로 따라 말하세요. 🔊)

Let's	ride	a bike
/렛츠/ +	/r롸잇/ +	/어 바익/ =
~하자	타다	자전거를

Let's ride a bike.
자전거를 타자.

'Let's ~'는 '(함께) ~하자'라는 뜻으로, 다른 사람에게 무언가를 함께 하자고 말할 때 쓸 수 있어요.

A 문장을 잘 듣고, 두 번씩 따라 말하세요. 그리고 ice, ide, ike이 쓰인 단어에 동그라미 하세요. 🔊)

1 Let's (ride) a (bike).   자전거를 타자.

2 Let's play (hide)-and-seek.   숨바꼭질을 하자.
 • hide-and-seek: 숨바꼭질

3 Let's roll the (dice).   그 주사위를 굴리자.

B 우리말에 알맞게 영어 문장을 완성하세요.

1 그 주사위를 굴리자.   Let's roll the __dice__ .

2 숨바꼭질을 하자.   Let's play __hide__ -and-seek.

3 자전거를 타자.   Let's ride a __bike__ .

Day 12 63

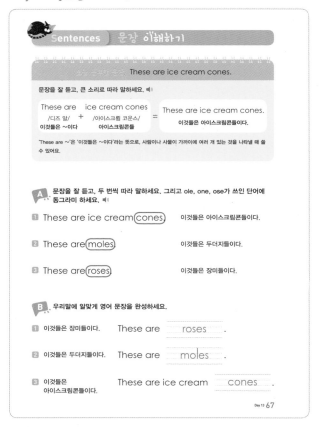

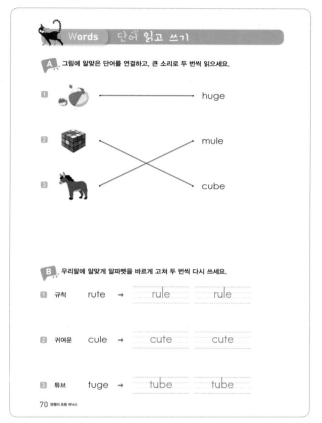

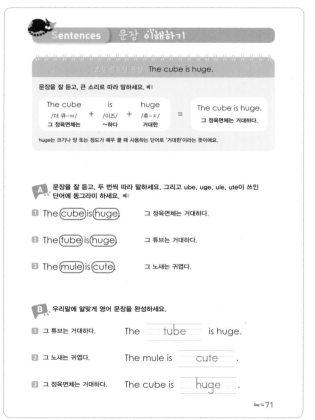

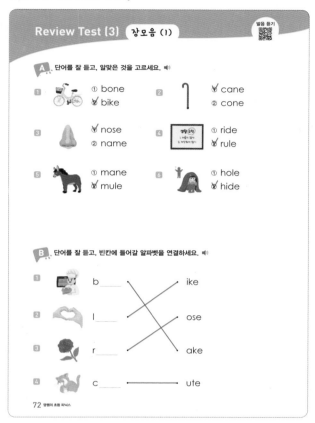

Day 15 연속자음 bl, cl, fl, gl, pl, sl 75쪽

Sounds 소리 구별하기

A 단어를 잘 듣고, 알맞은 알파벳에 동그라미 하세요. 🔊

1. bl (fl) + ag
2. (sl) gl + ide
3. sl (cl) + ean
4. fl (pl) + ay
5. (bl) pl + ue
6. (gl) fl + oves

B 단어를 잘 듣고, 알맞은 알파벳을 〈보기〉에서 찾아 쓰세요. 🔊

보기   cl bl fl gl pl sl

1. play
2. blue
3. slide
4. clean
5. gloves
6. flag

Day 15 75

Day 15 연속자음 bl, cl, fl, gl, pl, sl 76쪽

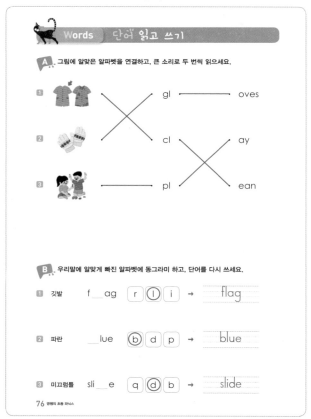

Words 단어 읽고 쓰기

A 그림에 알맞은 알파벳을 연결하고, 큰 소리로 두 번씩 읽으세요.

1. gl ⎯ oves
2. cl ⎯ ay
3. pl ⎯ ean

B 우리말에 알맞게 빠진 알파벳에 동그라미 하고, 단어를 다시 쓰세요.

1. 깃발   f__ag   r (l) i → flag
2. 파란   __lue   (b) d p → blue
3. 미끄럼틀   sli__e   q (d) b → slide

76 영뱅이 초등 파닉스

Day 15 연속자음 bl, cl, fl, gl, pl, sl 77쪽

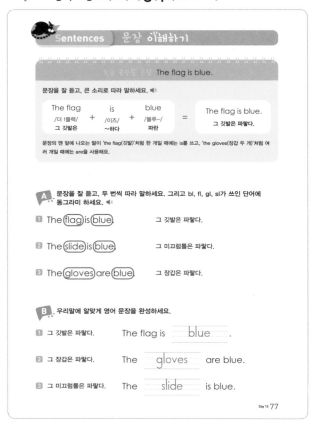

Sentences 문장 이해하기

오늘 공부할 문장 The flag is blue.

문장을 잘 듣고, 큰 소리로 따라 말하세요. 🔊

The flag /더 !플래/ 그 깃발은 + is /이즈/ ~하다 + blue /블루-/ 파란 = The flag is blue. 그 깃발은 파랗다.

문장의 맨 앞에 나오는 말이 'the flag(깃발)'처럼 한 개일 때에는 is를 쓰고, 'the gloves(장갑 두 개)'처럼 여러 개일 때에는 are을 사용해요.

A 문장을 잘 듣고, 두 번씩 따라 말하세요. 그리고 bl, fl, gl가 쓰인 단어에 동그라미 하세요. 🔊

1. The (flag) is (blue).   그 깃발은 파랗다.
2. The (slide) is (blue).   그 미끄럼틀은 파랗다.
3. The (gloves) are (blue).   그 장갑은 파랗다.

B 우리말에 알맞게 영어 문장을 완성하세요.

1. 그 깃발은 파랗다.   The flag is ___blue___ .
2. 그 장갑은 파랗다.   The ___gloves___ are blue.
3. 그 미끄럼틀은 파랗다.   The ___slide___ is blue.

Day 15 77

Day 16 연속자음 br, cr, dr, gr, pr, tr 79쪽

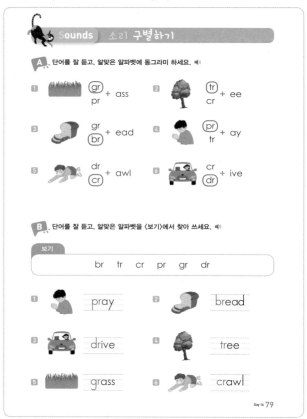

Sounds 소리 구별하기

A 단어를 잘 듣고, 알맞은 알파벳에 동그라미 하세요. 🔊

1. (gr) pr + ass
2. (tr) cr + ee
3. gr (br) + ead
4. (pr) tr + ay
5. dr (cr) + awl
6. cr (dr) + ive

B 단어를 잘 듣고, 알맞은 알파벳을 〈보기〉에서 찾아 쓰세요. 🔊

보기   br tr cr pr gr dr

1. pray
2. bread
3. drive
4. tree
5. grass
6. crawl

Day 16 79

14 정답

Day 16 연속자음 br, cr, dr, gr, pr, tr 80쪽

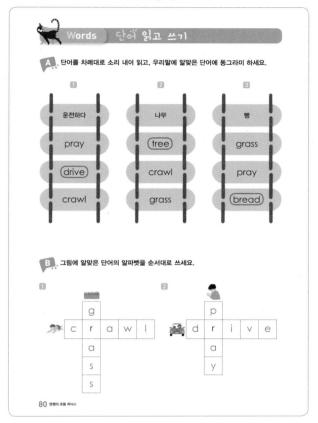

Day 17 연속자음 sk, sm, sw 83쪽

Day 16 연속자음 br, cr, dr, gr, pr, tr 81쪽

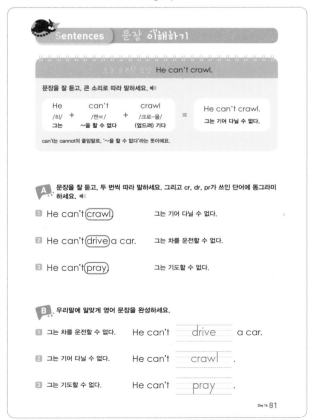

Day 17 연속자음 sk, sm, sw 84쪽

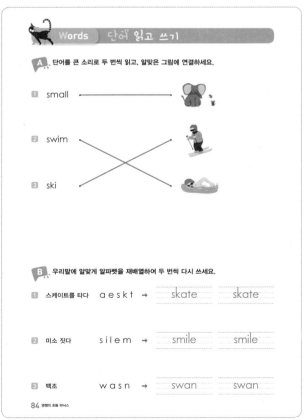

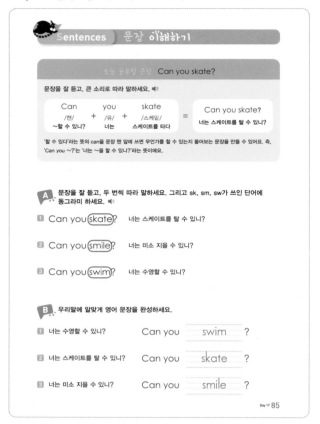

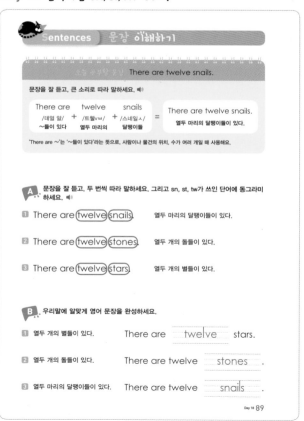

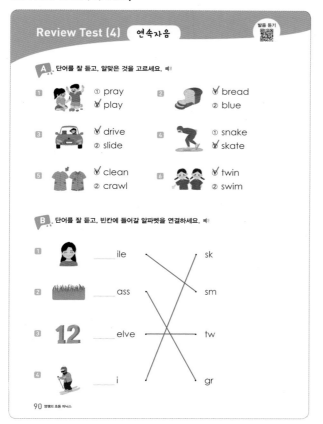

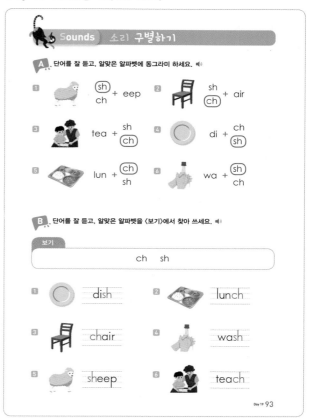

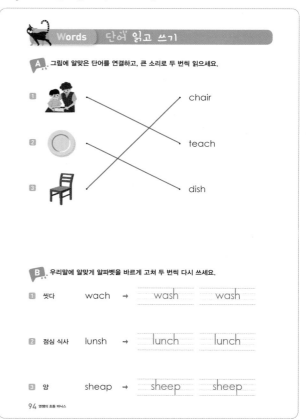

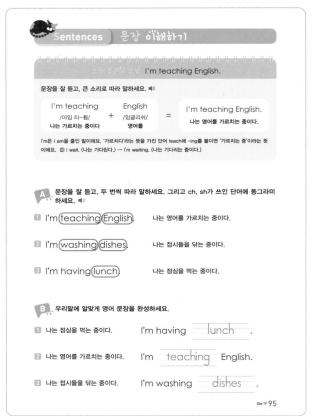

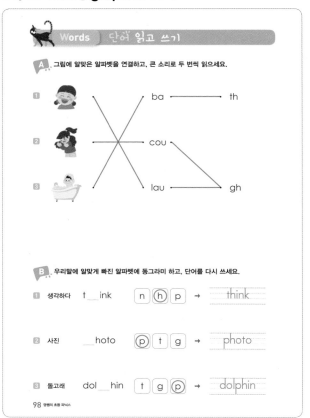

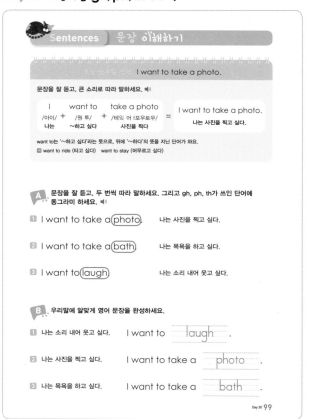

Sounds 소리 구별하기

A 단어를 잘 듣고, 알맞은 알파벳에 동그라미 하세요. 🔊

1. (wh) / th + ite
2. wh / (th) + at
3. wh / (th) + ey
4. (wh) / th + ale
5. (wh) / th + at
6. wh / (th) + is

B 단어를 잘 듣고, 알맞은 알파벳을 〈보기〉에서 찾아 쓰세요. 🔊

보기 wh th

1. whale
2. what
3. that
4. this
5. white
6. they

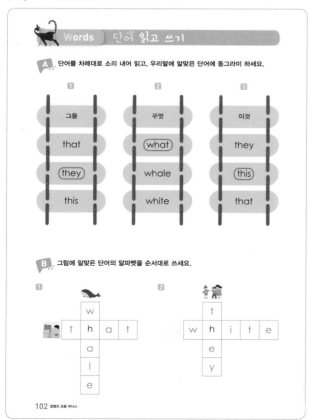

Words 단어 읽고 쓰기

A 단어를 차례대로 소리 내어 읽고, 우리말에 알맞은 단어에 동그라미 하세요.

1	2	3
그들	무엇	이것
that	(what)	they
(they)	whale	(this)
this	white	that

B 그림에 알맞은 단어의 알파벳을 순서대로 쓰세요.

1.
	w			
t	h	a	t	
	a			
	l			
	e			

2.
	t			
w	h	i	t	e
	e			
	y			

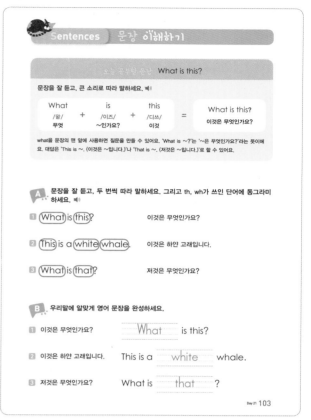

Sentences 문장 이해하기

오늘 공부할 문장 What is this?

문장을 잘 듣고, 큰 소리로 따라 말하세요. 🔊

What		is		this		What is this?
/왓/	+	/이즈/	+	/디쓰/	=	이것은 무엇인가요?
무엇		~인가요?		이것		

what을 문장의 맨 앞에 사용하면 질문을 만들 수 있어요. 'What is ~?'는 '~은 무엇인가요?'라는 뜻이에요. 대답은 'This is ~. (이것은 ~입니다.)'나 'That is ~. (저것은 ~입니다.)'로 할 수 있어요.

A 문장을 잘 듣고, 두 번씩 따라 말하세요. 그리고 th, wh가 쓰인 단어에 동그라미 하세요. 🔊

1. (What) is (this)?　　　　이것은 무엇인가요?
2. (This) is a (white) (whale).　　이것은 하얀 고래입니다.
3. (What) is (that)?　　　　저것은 무엇인가요?

B 우리말에 알맞게 영어 문장을 완성하세요.

1. 이것은 무엇인가요?　　What is this?
2. 이것은 하얀 고래입니다.　　This is a white whale.
3. 저것은 무엇인가요?　　What is that ?

Sounds 소리 구별하기

A 단어를 잘 듣고, 알맞은 알파벳에 동그라미 하세요. 🔊

1. (wr) / kn + ite
2. wr / (kn) + ife
3. (wr) / kn + ist
4. thu + (mb) / kn
5. wr / (kn) + ee
6. cli + wr / (mb)

B 단어를 잘 듣고, 알맞은 알파벳을 〈보기〉에서 찾아 쓰세요. 🔊

보기 kn mb wr

1. knife
2. wrist
3. thumb
4. climb
5. write
6. knee

Day 22 묵음 kn, mb, wr 106쪽

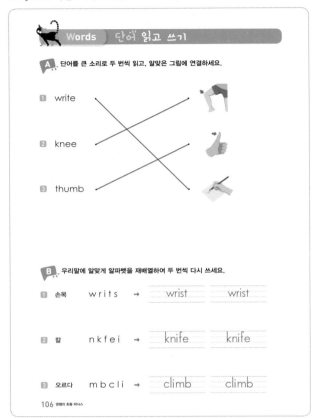

Words 단어 읽고 쓰기

A. 단어를 큰 소리로 두 번씩 읽고, 알맞은 그림에 연결하세요.

1 write

2 knee

3 thumb

B. 우리말에 알맞게 알파벳을 재배열하여 두 번씩 다시 쓰세요.

1 손목 w r i t s → wrist wrist

2 칼 n k f e i → knife knife

3 오르다 m b c l i → climb climb

Day 23 끝소리 ck, ng, nk 109쪽

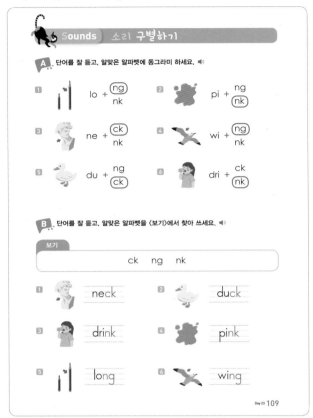

Sounds 소리 구별하기

A. 단어를 잘 듣고, 알맞은 알파벳에 동그라미 하세요. 📢

1 lo + ng / nk

2 pi + ng / nk

3 ne + ck / nk

4 wi + ng / nk

5 du + ng / ck

6 dri + ck / nk

B. 단어를 잘 듣고, 알맞은 알파벳을 〈보기〉에서 찾아 쓰세요. 📢

보기   ck   ng   nk

1 neck

2 duck

3 drink

4 pink

5 long

6 wing

Day 22 묵음 kn, mb, wr 107쪽

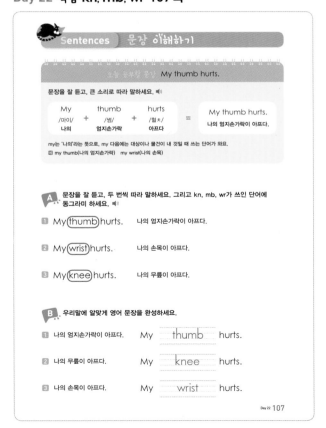

Sentences 문장 이해하기

오늘 공부할 문장 My thumb hurts.

문장을 잘 듣고, 큰 소리로 따라 말하세요. 📢

| My /마이/ 나의 | + | thumb /썸/ 엄지손가락 | + | hurts /헐츠/ 아프다 | = | My thumb hurts. 나의 엄지손가락이 아프다. |

my는 '나의'라는 뜻으로, my 다음에는 대상이나 물건이 내 것일 때 쓰는 단어가 와요.
📖 my thumb(나의 엄지손가락) my wrist(나의 손목)

A. 문장을 잘 듣고, 두 번씩 따라 말하세요. 그리고 kn, mb, wr가 쓰인 단어에 동그라미 하세요. 📢

1 My (thumb) hurts.   나의 엄지손가락이 아프다.

2 My (wrist) hurts.   나의 손목이 아프다.

3 My (knee) hurts.   나의 무릎이 아프다.

B. 우리말에 알맞게 영어 문장을 완성하세요.

1 나의 엄지손가락이 아프다.   My thumb hurts.

2 나의 무릎이 아프다.   My knee hurts.

3 나의 손목이 아프다.   My wrist hurts.

Day 23 끝소리 ck, ng, nk 110쪽

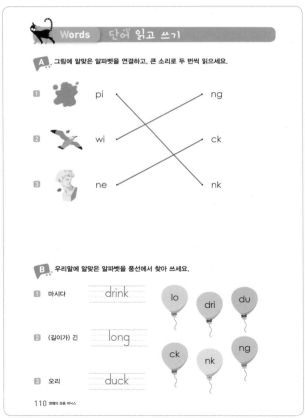

Words 단어 읽고 쓰기

A. 그림에 알맞은 알파벳을 연결하고, 큰 소리로 두 번씩 읽으세요.

1 pi

2 wi

3 ne

ng

ck

nk

B. 우리말에 알맞은 알파벳을 풍선에서 찾아 쓰세요.

1 마시다   drink

2 (길이가) 긴   long

3 오리   duck

lo dri du ck nk ng

Day 23 끝소리 ck, ng, nk 111쪽

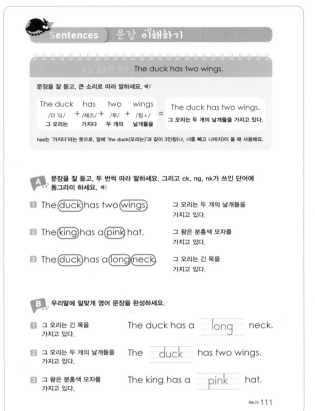

Sentences 문장 이해하기

The duck has two wings.

문장을 잘 듣고, 큰 소리로 따라 말하세요. 🔊

The duck	has	two	wings
/더 덕/	+ /해즈/	+ /투/	+ /윙ㅅ/	= The duck has two wings.
그 오리는	가지다	두 개의	날개들을	그 오리는 두 개의 날개들을 가지고 있다.

has는 '가지다'라는 뜻으로, 앞에 'the duck(오리는)'과 같이 3인칭(나, 너를 빼고 나머지)이 올 때 사용해요.

A 문장을 잘 듣고, 두 번씩 따라 말하세요. 그리고 ck, ng, nk가 쓰인 단어에 동그라미 하세요. 🔊

1. The (duck) has two (wings). 그 오리는 두 개의 날개들을 가지고 있다.
2. The (king) has a (pink) hat. 그 왕은 분홍색 모자를 가지고 있다.
3. The (duck) has a (long) (neck). 그 오리는 긴 목을 가지고 있다.

B 우리말에 알맞게 영어 문장을 완성하세요.

1. 그 오리는 긴 목을 가지고 있다.
   The duck has a __long__ neck.
2. 그 오리는 두 개의 날개들을 가지고 있다.
   The __duck__ has two wings.
3. 그 왕은 분홍색 모자를 가지고 있다.
   The king has a __pink__ hat.

Day 23 111

Review Test (5) 112쪽

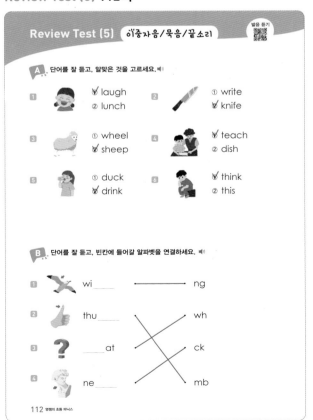

Review Test (5) 이중자음/묵음/끝소리

발음 듣기

A 단어를 잘 듣고, 알맞은 것을 고르세요. 🔊

1. ✓ laugh ② lunch
2. ① write ✓ knife
3. ① wheel ✓ sheep
4. ✓ teach ② dish
5. ① duck ✓ drink
6. ✓ think ② this

B 단어를 잘 듣고, 빈칸에 들어갈 알파벳을 연결하세요. 🔊

1. wi____ — ng
2. thu____ — wh
3. ____at — ck
4. ne____ — mb

112 맹맹이 초등 파닉스

Review Test (5) 113쪽

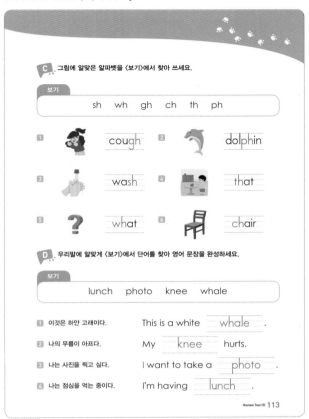

C 그림에 알맞은 알파벳을 〈보기〉에서 찾아 쓰세요.

보기
| sh | wh | gh | ch | th | ph |

1. cough
2. dolphin
3. wash
4. that
5. what
6. chair

D 우리말에 알맞게 〈보기〉에서 단어를 찾아 영어 문장을 완성하세요.

보기
| lunch | photo | knee | whale |

1. 이것은 하얀 고래이다. This is a white __whale__.
2. 나의 무릎이 아프다. My __knee__ hurts.
3. 나는 사진을 찍고 싶다. I want to take a __photo__.
4. 나는 점심을 먹는 중이다. I'm having __lunch__.

Review Test (5) 113

Day 24 장모음 ai, ay 115쪽

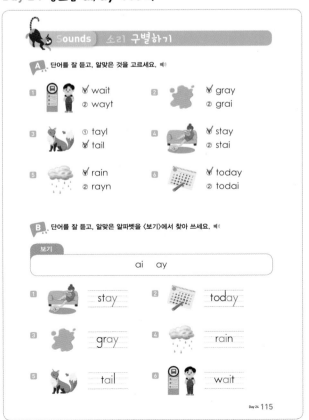

Sounds 소리 구별하기

A 단어를 잘 듣고, 알맞은 것을 고르세요. 🔊

1. ✓ wait ② wayt
2. ✓ gray ② grai
3. ① tayl ✓ tail
4. ✓ stay ② stai
5. ✓ rain ② rayn
6. ✓ today ② todai

B 단어를 잘 듣고, 알맞은 알파벳을 〈보기〉에서 찾아 쓰세요. 🔊

보기
| ai | ay |

1. stay
2. today
3. gray
4. rain
5. tail
6. wait

Day 24 115

Day 24 장모음 ai, ay 116쪽

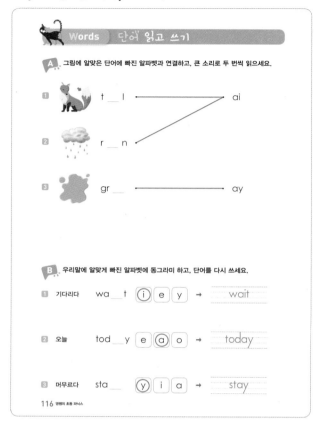

Day 25 장모음 ea, ee, ey 119쪽

Day 24 장모음 ai, ay 117쪽

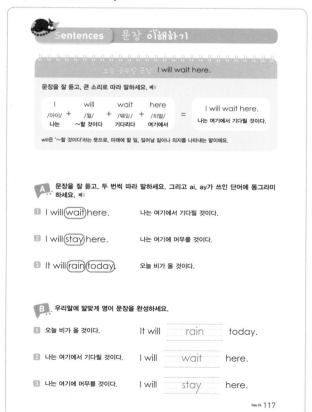

Day 25 장모음 ea, ee, ey 120쪽

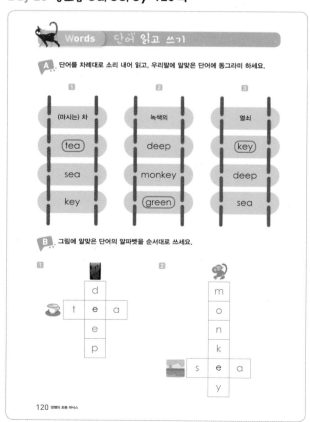

Day 25 장모음 ea, ee, ey 121쪽

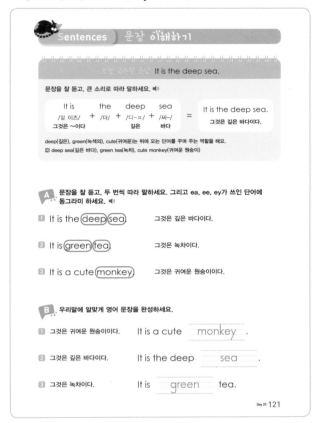

Sentences 문장 이해하기

오늘 공부할 문장 It is the deep sea.

문장을 잘 듣고, 큰 소리로 따라 말하세요. ◀))

It is		the		deep		sea
/잇 이즈/	+	/더/	+	/디-ㅍ/	+	/씨-/
그것은 ~이다				깊은		바다

= It is the deep sea.
그것은 깊은 바다이다.

deep(깊은), green(녹색의), cute(귀여운)는 뒤에 오는 단어를 꾸며 주는 역할을 해요.
예 deep sea(깊은 바다), green tea(녹차), cute monkey(귀여운 원숭이)

A. 문장을 잘 듣고, 두 번씩 따라 말하세요. 그리고 ea, ee, ey가 쓰인 단어에 동그라미 하세요. ◀))

1 It is the (deep) (sea).   그것은 깊은 바다이다.

2 It is (green) (tea).   그것은 녹차이다.

3 It is a cute (monkey).   그것은 귀여운 원숭이이다.

B. 우리말에 알맞게 영어 문장을 완성하세요.

1 그것은 귀여운 원숭이이다.   It is a cute   monkey .

2 그것은 깊은 바다이다.   It is the deep   sea .

3 그것은 녹차이다.   It is   green   tea.

Day 25 121

Day 26 장모음 ie, igh, y 123쪽

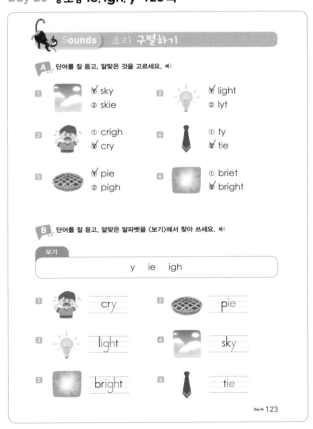

Sounds 소리 구별하기

A. 단어를 잘 듣고, 알맞은 것을 고르세요. ◀))

1 ✓ sky / ② skie
2 ✓ light / ② lyt
3 ① crigh / ✓ cry
4 ① ty / ✓ tie
5 ✓ pie / ② pigh
6 ① briet / ✓ bright

B. 단어를 잘 듣고, 알맞은 알파벳을 〈보기〉에서 찾아 쓰세요. ◀))

보기   y   ie   igh

1 cry
2 pie
3 light
4 sky
5 bright
6 tie

Day 26 123

Day 26 장모음 ie, igh, y 124쪽

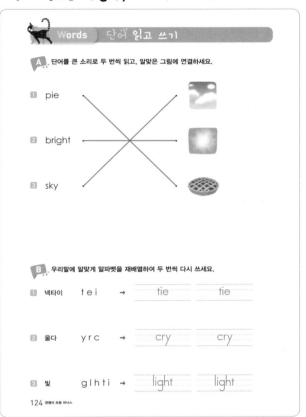

Words 단어 읽고 쓰기

A. 단어를 큰 소리로 두 번씩 읽고, 알맞은 그림에 연결하세요.

1 pie
2 bright
3 sky

B. 우리말에 알맞게 알파벳을 재배열하여 두 번씩 다시 쓰세요.

1 넥타이   t e i   →   tie   tie

2 울다   y r c   →   cry   cry

3 빛   g l h t i   →   light   light

124 맛깔의 초등 파닉스

Day 26 장모음 ie, igh, y 125쪽

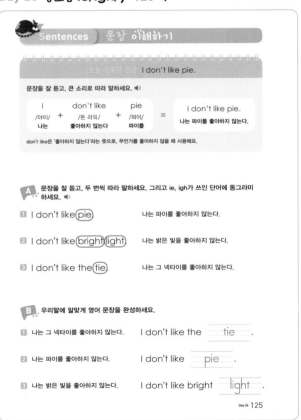

Sentences 문장 이해하기

오늘 공부할 문장 I don't like pie.

문장을 잘 듣고, 큰 소리로 따라 말하세요. ◀))

I		don't like		pie
/아이/	+	/돈 라잌/	+	/파이/
나는		좋아하지 않는다		파이를

= I don't like pie.
나는 파이를 좋아하지 않는다.

don't like은 '좋아하지 않는다'라는 뜻으로, 무언가를 좋아하지 않을 때 사용해요.

A. 문장을 잘 듣고, 두 번씩 따라 말하세요. 그리고 ie, igh가 쓰인 단어에 동그라미 하세요. ◀))

1 I don't like (pie).   나는 파이를 좋아하지 않는다.

2 I don't like (bright) (light).   나는 밝은 빛을 좋아하지 않는다.

3 I don't like the (tie).   나는 그 넥타이를 좋아하지 않는다.

B. 우리말에 알맞게 영어 문장을 완성하세요.

1 나는 그 넥타이를 좋아하지 않는다.   I don't like the   tie .

2 나는 파이를 좋아하지 않는다.   I don't like   pie .

3 나는 밝은 빛을 좋아하지 않는다.   I don't like bright   light .

Day 26 125

Day 27 장모음 oa, ow 127쪽

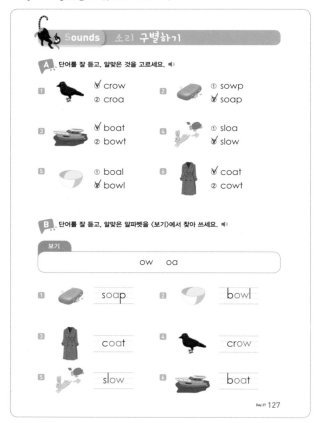

Day 27 장모음 oa, ow 128쪽

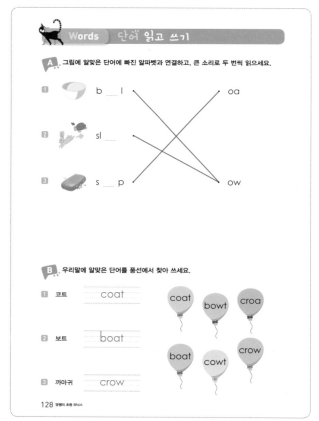

Day 27 장모음 oa, ow 129쪽

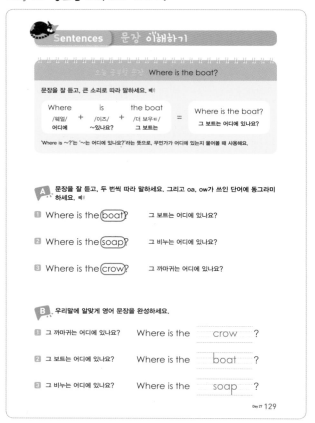

Day 28 장모음 ue, ui 131쪽

Day 28 장모음 ue, ui 132쪽

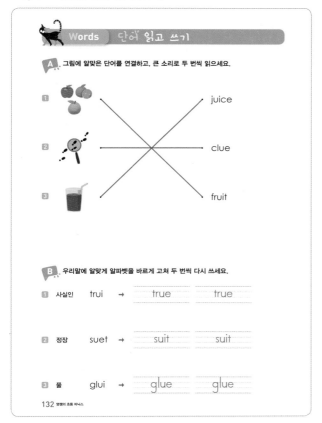

Words 단어 읽고 쓰기

A 그림에 알맞은 단어를 연결하고, 큰 소리로 두 번씩 읽으세요.

1. — juice
2. — clue
3. — fruit

B 우리말에 알맞게 알파벳을 바르게 고쳐 두 번씩 다시 쓰세요.

1. 사실인 trui → true true
2. 정장 suet → suit suit
3. 풀 glui → glue glue

132 맹쌤의 초등 파닉스

Day 28 장모음 ue, ui 133쪽

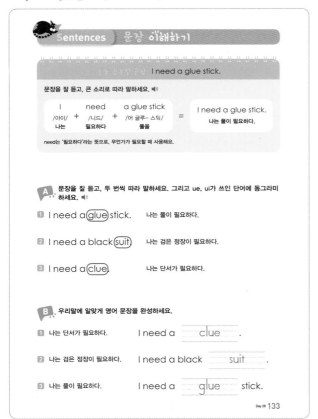

Sentences 문장 이해하기

오늘 공부할 문장 I need a glue stick.

문장을 잘 듣고, 큰 소리로 따라 말하세요.

I   + need + a glue stick = I need a glue stick.
/아이/   /니드/   /어 글루- 스틱/   나는 풀이 필요하다.
나는   필요하다   풀을

need는 '필요하다'라는 뜻으로, 무언가가 필요할 때 사용해요.

A 문장을 잘 듣고, 두 번씩 따라 말하세요. 그리고 ue, ui가 쓰인 단어에 동그라미 하세요.

1. I need a (glue) stick. 나는 풀이 필요하다.
2. I need a black (suit). 나는 검은 정장이 필요하다.
3. I need a (clue). 나는 단서가 필요하다.

B 우리말에 알맞게 영어 문장을 완성하세요.

1. 나는 단서가 필요하다. I need a clue .
2. 나는 검은 정장이 필요하다. I need a black suit .
3. 나는 풀이 필요하다. I need a glue stick.

Day 28 133

Review Test (6) 134쪽

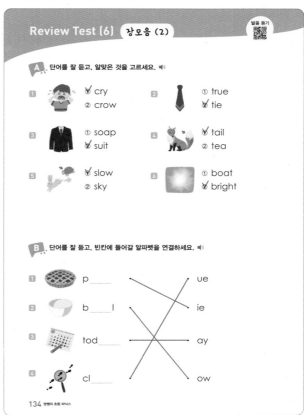

Review Test (6) 장모음 (2) 발음 듣기

A 단어를 잘 듣고, 알맞은 것을 고르세요.

1. ☑ cry ② crow
2. ① true ☑ tie
3. ① soap ☑ suit
4. ☑ tail ② tea
5. ☑ slow ② sky
6. ① boat ☑ bright

B 단어를 잘 듣고, 빈칸에 들어갈 알파벳을 연결하세요.

1. p____ — ue
2. b__l — ie
3. tod____ — ay
4. cl____ — ow

134 맹쌤의 초등 파닉스

Review Test (6) 135쪽

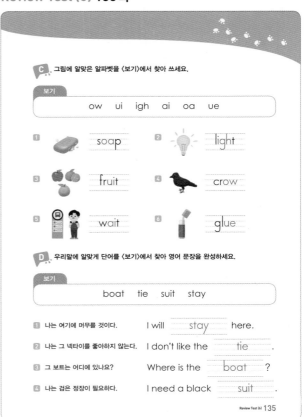

C 그림에 알맞은 알파벳을 〈보기〉에서 찾아 쓰세요.

보기 ow ui igh ai oa ue

1. soap
2. light
3. fruit
4. crow
5. wait
6. glue

D 우리말에 알맞게 단어를 〈보기〉에서 찾아 영어 문장을 완성하세요.

보기 boat tie suit stay

1. 나는 여기에 머무를 것이다. I will stay here.
2. 나는 그 넥타이를 좋아하지 않는다. I don't like the tie .
3. 그 보트는 어디에 있나요? Where is the boat ?
4. 나는 검은 정장이 필요하다. I need a black suit .

Review Test (6) 135

정답 25

Day 29 이중모음 oi, oy 137쪽

Sounds 소리 구별하기

A. 단어를 잘 듣고, 알맞은 것을 고르세요.

1. ① toi ✓ toy
2. ✓ boil ② boyl
3. ✓ oil ② oyl
4. ✓ joy ② joi
5. ① coyn ✓ coin
6. ① boi ✓ boy

B. 단어를 잘 듣고, 알맞은 알파벳을 〈보기〉에서 찾아 쓰세요.

보기
oi   oy

1. boil
2. coin
3. toy
4. boy
5. oil
6. joy

Day 29 이중모음 oi, oy 139쪽

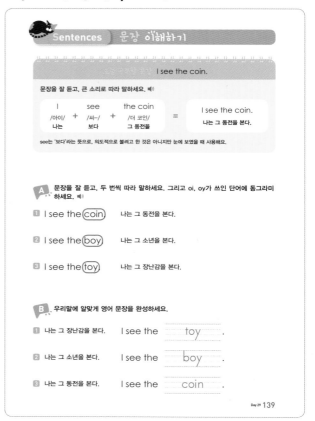

Sentences 문장 이해하기

I see the coin.

문장을 잘 듣고, 큰 소리로 따라 말하세요.

| I /아이/ 나는 | + | see /씨-/ 보다 | + | the coin /더 코인/ 그 동전을 | = | I see the coin. 나는 그 동전을 본다. |

see는 '보다'라는 뜻으로, 의도적으로 볼려고 한 것은 아니지만 눈에 보였을 때 사용해요.

A. 문장을 잘 듣고, 두 번씩 따라 말하세요. 그리고 oi, oy가 쓰인 단어에 동그라미 하세요.

1. I see the (coin)   나는 그 동전을 본다.
2. I see the (boy)   나는 그 소년을 본다.
3. I see the (toy)   나는 그 장난감을 본다.

B. 우리말에 알맞게 영어 문장을 완성하세요.

1. 나는 그 장난감을 본다.   I see the   toy   .
2. 나는 그 소년을 본다.   I see the   boy   .
3. 나는 그 동전을 본다.   I see the   coin   .

Day 29 이중모음 oi, oy 138쪽

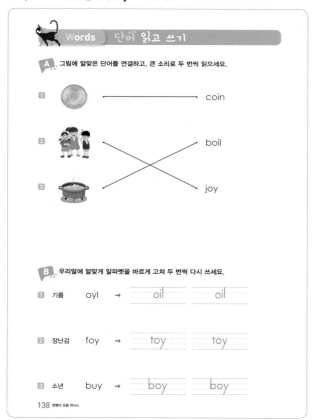

Words 단어 읽고 쓰기

A. 그림에 알맞은 단어를 연결하고, 큰 소리로 두 번씩 읽으세요.

1. coin
2. boil
3. joy

B. 우리말에 알맞게 알파벳을 바르게 고쳐 두 번씩 다시 쓰세요.

1. 기름   oyl → oil   oil
2. 장난감   foy → toy   toy
3. 소년   buy → boy   boy

138 영택의 초등 파닉스

Day 30 이중모음 au, aw 141쪽

Sounds 소리 구별하기

A. 단어를 잘 듣고, 알맞은 것을 고르세요.

1. ① drau ✓ draw
2. ✓ autumn ② awtumn
3. ① Awgust ✓ August
4. ① yaun ✓ yawn
5. ✓ sauce ② sawce
6. ✓ lawn ② laun

B. 단어를 잘 듣고, 알맞은 알파벳을 〈보기〉에서 찾아 쓰세요.

보기
au   aw   Au

1. August
2. lawn
3. draw
4. yawn
5. sauce
6. autumn

Day 30 141

Day 30 이중모음 au, aw 142쪽

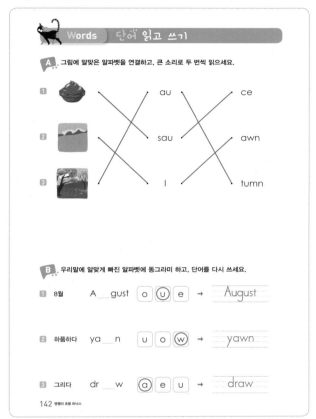

Words 단어 읽고 쓰기

A. 그림에 알맞은 알파벳을 연결하고, 큰 소리로 두 번씩 읽으세요.

1. au — ce
2. sau — awn
3. l — tumn

B. 우리말에 알맞게 빠진 알파벳에 동그라미 하고, 단어를 다시 쓰세요.

1. 8월　A__gust　o (u) e → August

2. 하품하다　ya__n　u o (w) → yawn

3. 그리다　dr__w　(a) e u → draw

142 엄행의 초등 파닉스

Day 30 이중모음 au, aw 143쪽

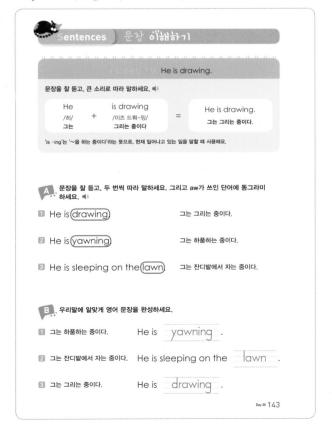

Sentences 문장 이해하기

He is drawing.

문장을 잘 듣고, 큰 소리로 따라 말하세요. 예)

He		is drawing		He is drawing.
/히/	+	/이즈 드뤄-잉/	=	그는 그리는 중이다.
그는		그리는 중이다		

'is -ing'는 '~을 하는 중이다'라는 뜻으로, 현재 일어나고 있는 일을 말할 때 사용해요.

A. 문장을 잘 듣고, 두 번씩 따라 말하세요. 그리고 aw가 쓰인 단어에 동그라미 하세요. 예)

1. He is (drawing)　　그는 그리는 중이다.

2. He is (yawning)　　그는 하품하는 중이다.

3. He is sleeping on the (lawn).　그는 잔디밭에서 자는 중이다.

B. 우리말에 알맞게 영어 문장을 완성하세요.

1. 그는 하품하는 중이다.　He is ___yawning___.

2. 그는 잔디밭에서 자는 중이다.　He is sleeping on the ___lawn___.

3. 그는 그리는 중이다.　He is ___drawing___.

Day 30 143

Day 31 이중모음 oo 145쪽

Sounds 소리 구별하기

A. 단어를 잘 듣고, 알맞은 알파벳에 동그라미 하세요.

1. l / (g) + ood
2. roo + (f) / d
3. (l) / f + ook
4. boo + (k) / d
5. (f) / p + ood
6. moo + b / (n)

B. 단어를 잘 듣고, 알맞은 알파벳을 〈보기〉에서 찾아 쓰세요.

보기　m r f d k b

1. look
2. moon
3. book
4. food
5. good
6. roof

Day 31 145

Day 31 이중모음 oo 146쪽

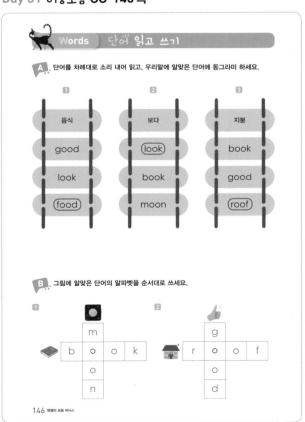

Words 단어 읽고 쓰기

A. 단어를 차례로 소리 내어 읽고, 우리말에 알맞은 단어에 동그라미 하세요.

1 음식	2 보다	3 지붕
good	(look)	book
look	book	good
(food)	moon	(roof)

B. 그림에 알맞은 단어의 알파벳을 순서대로 쓰세요.

1.
m
b o o k
o
n

2.
g
r o o f
o
d

146 엄행의 초등 파닉스

정답 27

Day 31 이중모음 oo 147쪽

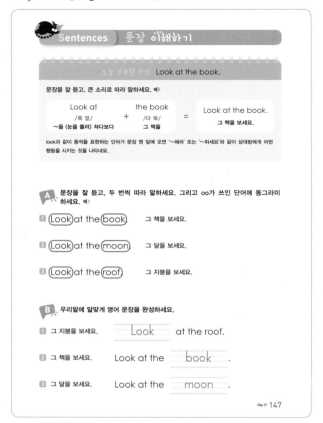

Day 32 이중모음 ou, ow 150쪽

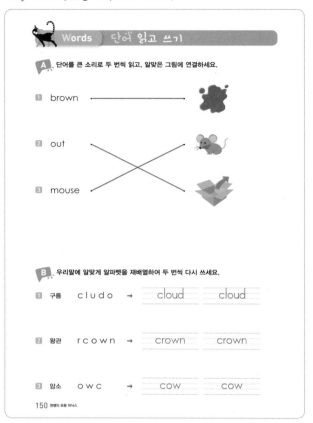

Day 32 이중모음 ou, ow 149쪽

Day 32 이중모음 ou, ow 151쪽

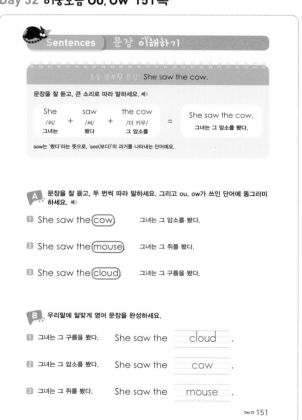

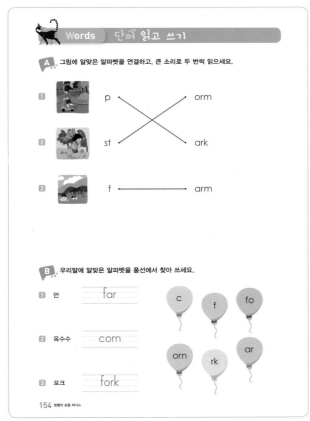

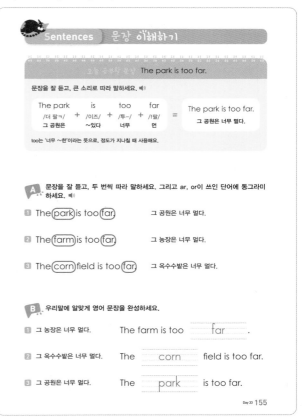

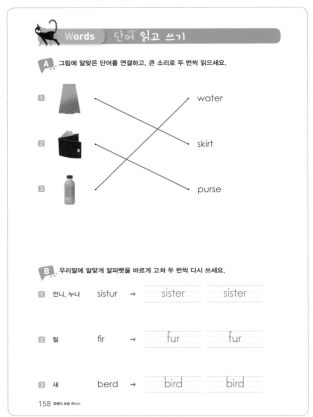

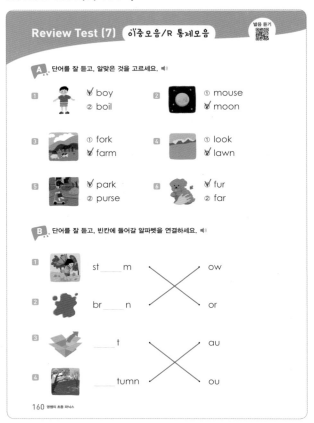

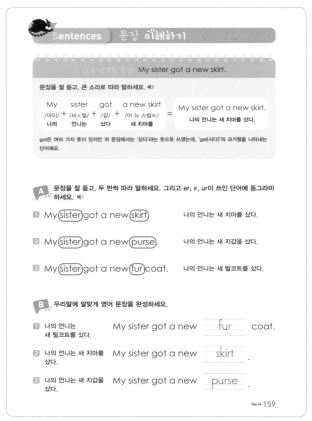

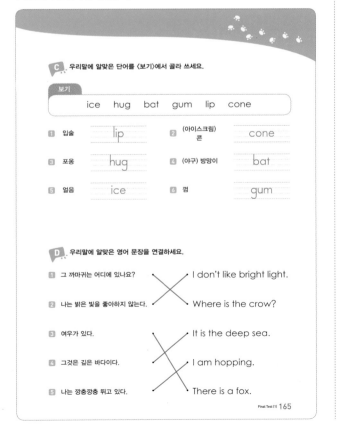

Final Test (3) 168쪽

Final Test (3) 169쪽

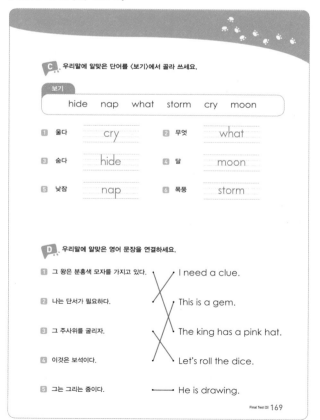

Final Test (4) 170쪽

Final Test (4) 171쪽

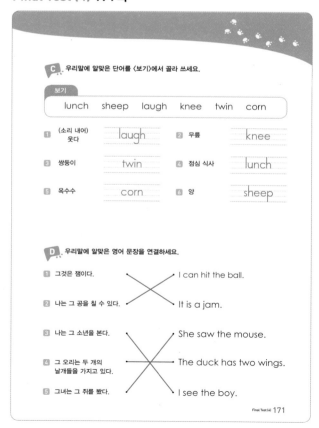

A	A	A
B	B	B
C	C	C
D	D	D
E	E	E
F	F	F
G	G	G

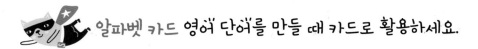 알파벳 카드 영어 단어를 만들 때 카드로 활용하세요.

a a a

b b b

c c c

d d d

e e e

f f f

g g g

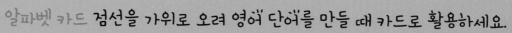
H	H	H
I	I	I
J	J	J
K	K	K
L	L	L
M	M	M
N	N	N

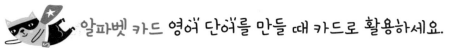
h   h   h

i   i   i

j   j   j

k   k   k

l   l   l

m   m   m

n   n   n

알파벳 카드 영어 단어를 만들 때 카드로 활용하세요.

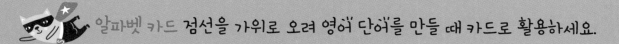
O   O   O

P   P   P

Q   Q   Q

R   R   R

S   S   S

T   T   T

U   U   U

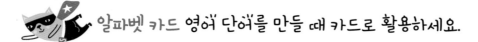
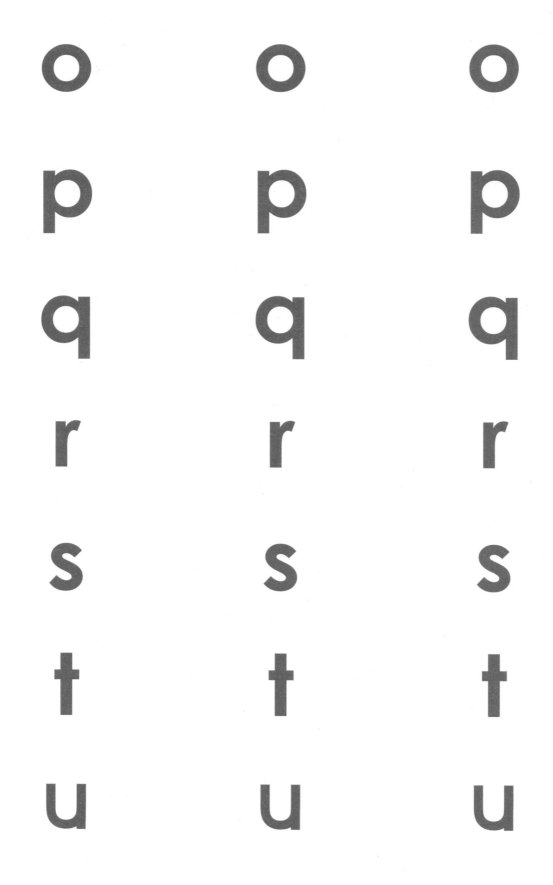

알파벳 카드 점선을 가위로 오려 영어 단어를 만들 때 카드로 활용하세요.

V	V	V
W	W	W
X	X	X
Y	Y	Y
Z	Z	Z

알파벳 카드 점선을 가위로 오려 영어 단어를 만들 때 카드로 활용하세요.

알파벳 카드 영어 단어를 만들 때 카드로 활용하세요.

알파벳 카드

V   V   V

W   W   W

X   X   X

y   y   y

Z   Z   Z

 알파벳 카드 영어 단어를 만들 때 카드로 활용하세요.

www.saltybooks.com